SERGIO GEORGE

¡ATACA SERGIO!

INQUEBRANTABLE

ISBN-13:
979-8-9857185-0-8 Paperback
979-8-9857185-2-2 Hardcover
979-8-9857185-4-6 eBook
LCCN: 2022916395

Typeset by Michelle Cline
Edited by Janice Rodriguez
Cover by QuezArt, Inc

NU AMERICA Publishing

Nu America Publishing
New York, NY

¡ATACA SERGIO!

CONTENIDO

ENDOSOS

"¡SERGIO GEORGE es uno de los compositores/productores más raro, único y talentoso que ha existido en la industria de la música! Su creatividad especial es definida por su visión y su sensibilidad al POP. Ha sido capaz de trabajar con los mejores cantantes de salsa en la historia y a su vez producir éxitos de los 40 más populares a la misma vez. Esto lo hace una amenaza global."

Tommy Mottola

Ejecutivo musical y productor

"Solamente aquellos que han luchado duro camino al éxito pueden contar una historia de vida genuina. Sergio es una de esas personas raras y su historia es una lección de vida."

Nicolas Versategui

Director SAE Institute Paris, France

In loving memory of Sergio George, Sr

October 2,1932 - September 1, 2023

PRÓLOGO

Todas las culturas necesitan un héroe. Requieren héroes que entiendan a cabalidad el pasado y poder utilizar sus lecciones para soltarlas y moverse hacia adelante. Las culturas necesitan líderes que puedan pastorear su gente fuera de la selva hacia la luz y necesitan líderes que comprendan que de ellas merece sobrevivir, que merece ser atesorado y que necesita ser abandonado.

Sergio George ha sido uno de esos héroes por los últimos treinta años, negociando el milagro de la cultura afrolatina, mientras ha sido rodeado por la presión de la corriente principal del anglo blanco americano. Lo ha logrado al mantener las glorias que salieron de la cultura afro atlántica, con el gran llamado y respuesta del sonero contra el coro, con las improvisaciones que irrumpen a través de la masificación de la comunidad de una orquesta, con la excelencia aprendida por la sección de percusión, y por el sentido de responsabilidad personal que cada músico en una comunidad de una gran orquesta carga sobre sus hombros.

Lo ha logrado de la manera más comunal posible: manteniendo una audiencia que incluye al joven, al viejo y a todos los demás.

Ha sido fuerte. Para el año 2000, George estaba luchando contra una industria musical conservativa creciente, cansada del cambio y la modernización. Poco después aparecen las plataformas de transmisión que comenzaron a destruir la habilidad de los artistas de vivir de sus grabaciones. A la vez, los lugares donde se disfrutaba la música en vivo y donde muchos músicos aprendían su arte u oficio, estaban desapareciendo; la música en vivo está bajo amenaza.

George ha sido testigo de todo esto y del gran cambio en cómo se hace la música y en cómo es remunerada. Como un puertorriqueño negro de una familia tumultuosa en Nueva York, tuvo que aprender sobre vivir. Él ha visto como el racismo puede cegar la gente a la excelencia extrema como parte de la cultura negra en las Américas. Sergio cosechó el beneficio de una gran educación al estudiar con algunos de los mejores músicos del jazz del siglo 20 – John Lewis y Ron Carter, como también una buena educación al tocar junto a excelentes conjuntos temprano en su carrera y tener la oportunidad de viajar el mundo. Es un sobreviviente de un aparatoso accidente que casi termina quitándole la vida y casi le cuesta su carrera.

Este es un libro de testimonios. Testifica cómo sobrevivir en un mundo hostil y a su vez apreciando y reconociendo la grandeza de la experiencia humana. Este es un manual de superación. Cuando él dice: "El fracaso es parte del éxito," debes prestar mucha atención. La lucha está en nuestras manos.

Peter Watrous

Guitarrista y ex crítico musical del New York Times

INTRODUCCIÓN

"la música es un arte que debe ser inclusivo, no exclusivo...
la idea es poder compartir musicalmente"
– Sergio George

Recientemente meditaba en la trayectoria que he tenido dentro de la industria de la música, en los logros que he obtenido, en los fracasos que he superado, en las batallas que he librado, y en la huella que he dejado a través de los años. He visto lo mejor y lo peor de la industria donde me he desempeñado la mitad de mi vida. Han sido muchas entrevistas con personas que siempre han deseado saber mi punto de vista sobre la industria de la música, de los artistas, pero sobre todo de la salsa.

Llegan momentos en nuestras carreras y en nuestras vidas donde es meritorio una pausa. Esas son las ocasiones donde reflexionamos en aquellas cosas que hemos realizado, pero, sobre todo en aquellas cosas que aún podemos hacer. Esa es la motivación principal que tengo con este libro. Quiero poder contarte parte de mi historia, brindarte mi perspectiva con relación a lo que ha sucedido con la música salsa, y compartir contigo mis opiniones basadas en lo que me ha tocado vivir.

Mi intención no es destruir, ni dañar, y mucho menos utilizar un foro especial como este para resaltar cosas negativas o que no suman valor. Más bien, lo que leerás son mis pensamientos, mi punto de vista, sentirás mis emociones en diversos temas y conocerás las circunstancias que he vivido durante toda mi trayectoria.

Este libro no solamente contiene relatos reales de mi vida, también comparto momentos que me impactaron y fueron pieza clave para ser la persona que soy hoy. Aunque les compartiré algunos detalles personales de mi vida, lo más importante para mí es mi familia. Es por esto, que por amor y por respeto a mis hijos, preferí concentrarme en aquellas anécdotas que tuvieron una gran lección y una enseñanza. Asumir una perspectiva sobre una persona basado en lo que puedas encontrar en las redes sociales, puede llevarte a creer una falsa realidad. No necesariamente lo que ves en el internet es real, y en ocasiones está muy lejos de la verdad. Es por eso que quiero darte acceso a las cosas que ocurrieron detrás del escenario de las canciones que posiblemente has cantado, bailado e utilizado en diferentes ocasiones en tu vida pero que desconocías como surgieron.

Muchos me conocen como Sergio George el productor musical, ganador de 18 o 19 premios Grammy y Grammy Latino incluyendo el Mejor Productor del año en el 2014. He ganado el premio en cuatro ocasiones como mejor productor. De hecho, soy el productor que más ha obtenido el galardón como *productor del año* en toda la historia de los Grammy Latino hasta el momento. Si haces una búsqueda de mi nombre en las redes sociales o en el internet, lograrás encontrar información general de eventos que he realizado, entrevistas que han hecho, chismes, rumores, colaboraciones, en fin, de todo. Pero lo que ninguna de estas fuentes puede mostrar son las emociones que siento en esta etapa de mi vida. Actualmente, siento que llevo un peso y sentido de responsabilidad con los artistas jóvenes y nuevos que desean tener éxito en la industria de la música. Eso se intensifica aún más ahora con todos los artículos y noticias que han publicado hablando sobre la situación actual de la salsa.

Tal vez te preguntarás: ¿por qué ahora? ¿Qué pudo haberme motivado a compartir parte de mi historia? Soy una persona sumamente optimista. Siempre voy a ver el vaso medio lleno en vez de medio vacío. Opino que una actitud positiva en la vida es uno de los secretos para ser feliz y tener éxito. Me gusta leer libros de motivación, escuchar videos y mensajes positivos que alimenten mi mente y mi espíritu. Al hacerlo, me di cuenta de que no existen muchos motivadores hispanos y mucho menos hombres afrolatinos que quieran dejar una huella positiva en la generación que hoy se levanta. Esta generación cuenta con una voz mucho más activa y presente que cuando me criaba. Por eso es que, este libro no solo es un recorrido de mi vida, sino también una herramienta para aquellos que necesitan un cambio de perspectiva en la vida. Es un relato de las diferentes vivencias dentro de la música en las cuales encontrarás una motivación especial y que te inspirarán a ver los hechos de la vida como oportunidades.

Cuando tomé la decisión de escribir este libro sabía que muchas personas presumirían que solo compartiría mi perspectiva en lo que ha sucedido con la música salsa, pues es lo que he hecho por los últimos 43 años. La realidad es que aunque si entro en detalles que entiendo han sido fundamentales y clave en la situación actual del género, también sentía deseo de compartir unos consejos claves que espero sirvan de motivación a toda persona que lea el libro. Este lado de mi personalidad, tal vez la desconocían, pero me encanta motivar a otros. Creo que será una de las sorpresas más agradables de este libro. Voy a hablarte claro con respecto al tema de la salsa, pero también quiero que vean las lecciones que he descubierto en el camino y que todavía me sirven de motivación.

La salsa como estilo de música, como género, ha sufrido un golpe de muerte. No se encuentra ni remotamente cerca de donde una vez lo estuvo como influencia musical mundial. Es un género en peligro de extinción. Quienes lo han destruido han sido los mismos integrantes principales de la industria, pero esto lo leerás más adelante. Como en toda buena historia la gente siempre quiere identificar un culpable, o una razón principal de la caída. En esta historia no hay un solo culpable, ni una sola razón, pero sí hay muchos factores que se pudieron haber trabajado a tiempo para evitar que la salsa cayera al lugar donde se encuentra hoy.

La salsa no es un estilo de música y aunque lo clasifiquen como un "género", tampoco lo es. La salsa es una cultura. Esta música era y debe continuar siendo, una representación de la cultura latina, lo que se vivía en las calles, en el barrio, lo que nos hacía únicos en el mundo. No importa en qué país del mundo visitabas, cuando escuchabas el sonar de los tambores, de los metales y del son, se nos inflaba el pecho con orgullo. Hoy ese mismo efecto se puede experimentar, pero ya no con la salsa; ahora en cada lugar se escucha más la música urbana latina que la música tropical que un día nos identificó por muchas generaciones. A través de estas páginas leerás anécdotas de varios artistas con los que he colaborado y las lecciones inspiracionales que salieron de ellas. No les dedico un capítulo entero a ellos porque quise colocar pedazos de sus historias en los nueve capítulos aquí representados.

Te abro la puerta de mi corazón para contarte parte de mi historia. En estas páginas están plasmados mis momentos de dolor, frustración, alegría, tristeza y sobre todo la esperanza de ver renacer la industria que amo. Notarás mi deseo de servir como mentor e inspiración a jóvenes que desean emprender en este maravilloso mundo de la música, en especial el anhelo de ver futuros artistas que quieran revivir el estilo musical que nos regaló grandes leyendas en la salsa. Asesinaron la salsa, pero estamos en espera de un resurgimiento.

DEL CASERÍO CON ORGULLO

Todos tenemos un comienzo, y cada uno de nosotros carga una historia. Por eso quiero comenzar hablando un poco de mi trasfondo, de mis inicios y de mis padres quienes todavía hoy, significan el mundo para mí. Muchos me siguen en las redes sociales y presumen conocer quién soy por lo que posiblemente ven. Aunque es una gran bendición tener seguidores que apoyan cada uno de los proyectos en los que me envuelvo, la verdad es que ni las redes sociales, ni las fotos, ni las percepciones creadas por los medios de comunicación, realmente captan el esfuerzo y el sacrificio que me ha costado llegar al lugar donde estoy hoy. Muchos ven la gloria, pero desconocen la historia.

Uno de los orgullos más grandes que siento es la historia de mis comienzos. Cualquiera puede llegar a donde mismo he logrado llegar. Nací en East Harlem, Nueva York de padres boricuas, Doña María Velázquez y Don Sergio George. Me crié toda la vida en los *projects* o edificios públicos de Nueva York. Crecí en la época dura donde había mucho rechazo, no solamente contra los afrolatinos, sino también contra todos los latinos en general, los afroamericanos, y la comunidad judía. Ese era mi entorno. A pesar de que era una época difícil, la comunidad latina siempre se unía. No importaba si eran afroamericanos, dominicanos, cubanos, o boricuas, todos nos enfrentábamos a lo mismo. Luchábamos por las mismas causas.

Mi niñez no fue fácil, ni fue la mejor. La realidad es que crecí en un hogar inestable, disfuncional y con muchos problemas de familia. Mis padres eran jóvenes que salieron de su país buscando darnos una mejor calidad de vida e hicieron lo máximo con los pocos recursos que tenían. Mi Papá ha admitido públicamente lo fuerte que era con todos nosotros para aquellos años y que se arrepiente de las cosas que hizo bajo ignorancia. Ahora como adulto y padre que soy, puedo entender mejor las circunstancias que vivieron y la responsabilidad que tenían. Mi padre es un gran hombre y ser humano, uno de los pilares de mi vida y el hombre al cual mi madre continúa amando; pero si fue cierto que hubo mucha violencia en mi hogar. Cuando tenía once años recuerdo que mis hermanas se fueron de la casa y se casaron a una temprana edad. Con tan solo quince y dieciséis años de edad, cada una de ellas se fue con sus respectivas parejas estando en Puerto Rico. Ellas deseaban escapar de la dinámica familiar que vivíamos para ese entonces. Ya a la corta edad de dieciséis y diecisiete años se habían convertido en madres. Me quedé completamente solo con mis padres. Para mí no fue fácil separarme de mis hermanas. Ya no tenía con quien pelear, hablar, jugar o con quien quejarme de las cosas de la familia. De repente de un núcleo de cinco personas ya solo quedaba yo junto a mis padres. Mi mamá vivía con mucha tristeza, y se culpaba por la decisión de mis hermanas. Mi papá tenía también mucho coraje por la situación, y era en general, un tiempo de mucha incertidumbre.

Me tocó criarme solo y nunca tuve una relación tan cercana con mis hermanas. De los tres, fui el que más tiempo estuvo y ha estado al lado de mis padres. Sin embargo, con el tiempo, la relación con mis sobrinas y sobrino se fue desarrollando muy diferente. Me tocó ser un tío joven. Creo que eso ayudó a poder identificarme con sus necesidades y pude cultivar una relación muy especial con ellos. Me convertí en una figura paterna para ellos. Una de mis hermanas sufrió un abandono de parte de su pareja por lo que para ellos aunque era el tío, comencé a ocupar un rol más protagónico en sus vidas. Hubo muchas cosas de mi niñez que simplemente olvidé ya que desde niño siempre estaba tratando de ser diferente, de aspirar a cosas mayores y de encontrar propósito en la vida.

Tuve que crecer rápido. No tuve opción. Desde muy joven tenía presente que en la vida no te puedes detener. En la psicología lo llaman la reacción de lucha o huida y eso me enseñó a que aprendes a caminar o a paralizarte. Nunca negué la verdad que me rodeaba, pero siempre vivía con la expectativa que algo podía cambiar. Nunca supe lo que era tomar unas vacaciones familiares. Nunca me llevaron a Disney™, simplemente no era una alternativa. La primera vez que logré ir lo pagué yo. De hecho, muchos de los logros que he alcanzado en mi adultez, fueron deseos

Una niñez difícil no define una adultez fracasada

que nacieron en mi niñez. **Una niñez difícil no define una adultez fracasada**, simplemente debe servir de inspiración para buscar lograr lo que tal vez no habías podido por las limitaciones que te rodeaban. Hay un lazo común en personas famosas o que otros consideran como personas exitosas y es que muchos tuvieron situaciones adversas en su niñez. Ninguno de ellos se detuvo a causa de lo que vivieron. Aprendí que tienes el poder de cambiar tu historia. Es importante para mi que sepas esto ya que, el éxito que puedas ver hoy no fue porque nací con las probabilidades a mi favor, por el contrario, lo que hoy puedes ver es el resultado de querer salir adelante y de creer en mi mismo.

LA TERCERA OPORTUNIDAD FUE LA VENCIDA

Mi llegada al mundo de la música no fue de manera intencional. Para ser honesto, no era tan siquiera mi primera alternativa de carrera. No me veía en el mundo de la música. Siempre que me hacen una entrevista me preguntan si la parte musical proviene de mi mamá o de mi papá. La realidad es que no viene de ninguno de los dos. Mis padres son personas simples que trabajaron para salir hacia adelante en los Estados Unidos, cada uno de ellos únicos y de quienes heredé las mejores cualidades. Mi mamá siempre ha vivido su vida tranquila, es una mujer de mucha oración y siempre ha vivido un estilo de vida de manera cautelosa para tomar sus decisiones con mucha sabiduría. Como la mayoría de las madres latinas, ella siempre fue como decimos en Puerto Rico: una mamá gallina. Siempre me ha pedido que analice las cosas bien primero antes de tomar decisiones arriesgadas. ¡Si la hubiese escuchado a ella, aún estaría en la habitación del apartamento donde viven mis padres, pues me sigue viendo como su bebé! Mi mamá le gusta sentirse en el control de las cosas, le gusta ver el panorama completo y sentir seguridad en lo que hace. Comparto un poco de esa característica suya, pero de ella también obtengo el legado de la empatía. Es una de las cualidades más hermosas que heredé de ella. Cuando comencé en este mundo de la música, el deseo principal de mi mamá era otro. Siempre quiso que fuera músico en una congregación. Mi papá por otro lado ahora es más llevadero, y tiende más a tomar las cosas como lleguen. Ahora son muy pocas las cosas que le logran quitar la paz. Él siempre ha visto las cosas de manera macro y está muy pendiente a las que cosas que suceden en el mundo. Agradezco que siempre ha apoyado mis decisiones. Con todas las cosas que vivieron, a pesar de todo lo negativo, han logrado amarse, perdonarse, y permanecer unidos por más de 60 años y sumando. Aunque ambos tienen muchas fortalezas y talentos, la música no fue algo que heredé de ellos. Siguen siendo una columna fuerte para mí, viviendo aun en el mismo lugar y dándome un hermoso ejemplo. Soy la combinación perfecta de ambos.

Entonces, ¿cómo llegué a la música? Originalmente quise entrar en una escuela especial que había en Nueva York para estudiar aviación. Siempre me ha llamado la atención los aviones y deseaba ser piloto. El que me conoce sabe que me preparo bien para todo. Había estado estudiando para el examen de entrada de esa escuela. El día del examen terminé 45 minutos antes del tiempo establecido. Me estuvo un poco extraño porque había calculado el tiempo y las preguntas. Cuando iba de regreso a la casa, comencé a repasar mis anotaciones y todas las preguntas. Me di cuenta de que hubo muchas preguntas que me había estudiado que no aparecieron en el examen. Resulta que hubo unas páginas que se quedaron pegadas y al voltearlas, no las separé. No me había percatado que esas páginas estaban pegadas. Todas esas preguntas se quedaron en blanco sin responder. A causa de eso, reprobé. Por lo que no pude entrar a la escuela de aviación. Ese primer intento de carrera no se me dio.

Frustrado por ese fracaso, recurrí a mi segunda pasión y deseo. Quería jugar beisbol y quería ser un atleta profesional. Cuando reprobé de la escuela de aviación me propuse entrar a una escuela con un equipo nuevo de beisbol. Sabía que tenía el talento y tenía como ventaja que esa escuela estaba comenzando a crear un equipo. Cuando entré en la escuela y me anoté para el equipo de beisbol logré entrar. Como mencioné, era la primera vez que ellos montaban un equipo. Me encantaba y disfrutaba de cada juego y hasta de las prácticas. Había logrado una beca en la secundaria para jugar beisbol. Mi posición en el equipo era *"shortstop"* (campo corto). Era uno de los mejores jugadores en Nueva York. En un juego tuve una grave lesión. Durante las semi finales me rompí la muñeca. No me percaté de inmediato. Recuerdo la recta que lanzaron y me causó mucho dolor y molestia. A pesar del dolor terminé el juego. Así continué a jugar y pasar a las finales porque en el hospital cuando fui inicialmente, me diagnosticaron mal, y me habían dicho que era solo un mal golpe. El dolor era tan fuerte que finalmente tuve que volver al médico y fue entonces cuando descubrieron que me había roto la muñeca. A causa de ese incidente no pude volver a jugar y perdí mi beca. Nunca pensé que duraría tan poco tiempo. Ahora sí estaba más confundido y frustrado que nunca. No pude entrar a la escuela de aviación y para colmo me partí la muñeca y no podía jugar beisbol. Solo tenía 19 años y ya se me habían escapado dos de mis anhelos.

Una vez recuperado de la muñeca me dediqué a estudiar y en los tiempos libres en casa tocaba el piano. Era algo que desde muy pequeño me gustaba y que había aprendido a hacer. Era algo tan natural para mi que lo veía solo como un pasatiempo y se convirtió en una manera de generar ingresos. Comencé a tocar como trabajo a tiempo medio para tener mi dinerito para mis gastos. Aproveché y entré a una preparatoria para darme la oportunidad de descubrir realmente que quería hacer con mi vida. En ese momento tocar música no era significativo para mí. Fue entonces cuando un maestro llegó, me escuchó tocar y me cambió la vida. Lo que para mi era un pasatiempo este maestro lo vio como una posibilidad de carrera. Él me abrió los ojos a la música como una opción principal de vida. Pero, antes de entrar en los detalles de este maravilloso evento, quiero hablarte un poco más acerca de como fui entendiendo mi propósito y mi asignación en la tierra.

LA DEFINICIÓN DEL ÉXITO

Durante diferentes momentos de mi vida y por muchos años, he batallado con muchas inseguridades. Esas inseguridades las he tenido desde experiencias en mi niñez, durante mi divorcio, como parte de la misma carrera, en fin, en diferentes etapas. Muchas de esas emociones fueron fuertes, inclusive luché con pensamientos de suicidio en un momento dado de mi vida. No todo ha sido fácil. Tuve que encontrar diferentes alternativas y agarrarme de diversos métodos de inspiración para salir adelante. Puedo decir que fueron experiencias duras pero necesarias para formar el hombre que soy hoy. Uno de esos lugares donde encontré fuerzas fue en un libro de Dr. Wayne W. Dyer: *Inspiration: Your Ultimate Calling* (Inspiración: Tu vocación más grande). Ese libro me enseñó que todos somos un milagro de Dios en este mundo. El simple hecho de que un espermatozoide pueda fecundar un embrión para que nosotros pudiésemos existir, ya es un milagro. A través de ese libro aprendí que no soy un fracaso. Que no importa las dificultades que tengamos que enfrentar, ni las cantidades de veces que estemos frente a un fracaso, fuimos creados para caminar de manera exitosa. Fallamos cuando manipulamos y queremos alterar las cosas buscando un resultado específico. Hay que aprender a dejar las cosas fluir de manera natural y orgánica, de esa manera caminarás y llegarás al éxito. Hay quienes se distraen enfocándose solo en dónde quieren llegar. No se enfocan en lo que tienen a la mano pudiendo perfeccionarlo, y que sea el resultado de esa perfección, lo que los lleve al lugar donde han deseado llegar. Cuando comenzamos a manipular y alterar el camino que ha sido trazado para nosotros ya sea con adicciones, malas decisiones, malas amistades, estilos de vida erróneos, entre otros, retrasamos nosotros mismo el éxito. Es como cuando estás manejando, usando un *GPS* y te equivocas en el camino. El mismo *GPS* se reprograma para volver a colocarte en una ruta que te lleve al destino original. Lo importante es seguir caminando hacia tu meta. Si entendemos que fuimos creados para el éxito, caminaríamos más seguros sacándole provecho a los fracasos. Cada fracaso trae consigo una lección. A veces creemos que no podemos lograrlo y que no podemos ser exitosos. No tenemos fe, nos desviamos, y queremos manipular el destino.

Otro detalle importante es cuando no entendemos que tu esquema de éxito no es el esquema de éxito de otros. Lo que para ti puede ser exitoso, no necesariamente es igual para otro y viceversa. Cada cual fue marcado con un destino particular. Eso es muy importante tenerlo presente en este tipo de industria. Muchos artistas sienten que fracasaron o están fracasando, porque han comparado su camino o su vida con alguien ya es exitoso. ¡Nunca nos debemos comparar! Lo hice en un comienzo hasta que leí ese libro. Ahí pude entender que el éxito no se mide de una sola manera. Éxito tampoco es la cantidad de dinero que tengas en el banco. Hay personas que tienen mucho dinero en el banco y se han querido quitar la vida. Por otro lado, hay personas que son tan pobres que lo único que tienen es el dinero no ha significado nada. He tenido lo necesario para vivir. No soy una persona pretenciosa, no ando con muchas joyas, es más, ni tan siquiera uso frecuentemente un reloj. Lo he dicho públicamente en varias ocasiones, mi mayor ingreso no ha llegado únicamente por la música, ha sido proveniente de diversas fuentes de ingresos que he cosechado y descubierto en el camino. La música me ha dado el reconocimiento y cuando estoy en ese campo me resulta en credibilidad, pero uno de mis mayores sustentos económico, no es por la música. La música representa mi mayor pasión. Aunque no lo crean, en muchas ocasiones de mi vida, he vivido por fe. No tengo un trabajo tradicional donde un cheque que me llegue de manera semanal. No tengo un sustento fijo, pero he aprendido a confiar y dejar que todo fluya de manera orgánica. Nunca me ha faltado el sustento, vivo un vida cómoda y bendecida, viajo y estoy siempre envuelto en diversos proyectos porque me encanta emprender.

El éxito tampoco es por la cantidad de amigos que tengas, ni por la cantidad de seguidores en las redes sociales. El éxito de cada persona se ve diferente. Para unos es tener buena salud, para otros puede ser hacer las cosas que ama. Éxito no es una sola cosa. Uno aprende en la vida lo que es importante y lo que no lo es y eso puede ser diferente para cada persona. Aprendes a disfrutarte los momentos buenos y aprovecharlos porque nunca sabes cuando un momento de dolor pueda estar cerca de tocar tu puerta.

MI HISTORIA TIENE MUCHAS CAPAS

Muchas veces piensan que personas como yo estamos exentos a pasar por momentos duros, por momentos que nos hacen tambalear. Aún esos momentos obscuros nos pueden inspirar y nos ayudan a continuar moldeando nuestro carácter. He aprendido en la vida a sacarle un aprendizaje aún a los momentos de tristeza y dolor. Un dolor que conozco muy de cerca es el dolor de la pérdida. De los momentos que más he llorado en la vida fue cuando mi sobrina Jeanette falleció. Ella era como una hija para mí. Tenía solo 43 años y lamentablemente su lucha contra el cáncer la venció. Aún recuerdo el día que estaba en el estudio grabando cuando recibí aquella llamada. Me dijeron que solamente le quedaban pocas horas de vida y que ella deseaba verme. Ella se estaba resistiendo a la muerte hasta tanto pudiera llegar a ella. Salí de inmediato para allá y al llegar tuvimos un momento muy especial. Era como si ella deseaba que yo fuera su última memoria antes de partir. Y así fue. Cuando llegué a su lado en aquel hospital a ambos se nos saltaron las lágrimas. Aun en su estado era visible cuando sus lágrimas le bajaban por su rostro al escuchar mi voz. Le sostuve su mano, le di un beso y no me separé de su lado. Le quitaron las máquinas, y a las seis horas murió. Fue uno de los momentos más difíciles de mi vida y a su vez, ha sido el mejor regalo que he recibido y que cualquier persona puede recibir; el regalo de la vida. Momentos como estos son los que me han hecho vivir de manera intencional porque mañana no está garantizado.

Esa no ha sido la única pérdida fuerte que como familia hemos experimentado. Una de mis hermanas falleció a causa de la adicción a sustancias controladas. Así que podemos hablar de las ganancias como también de las pérdidas. Aunque nunca he utilizado ejemplos particulares de mi vida para escribir una canción, si puedo conectar con las melodías que cargan todas estas experiencias. Lo vas a ver mencionado en varias ocasiones a través del libro: la música es uno de mis lenguajes principales de vida.

A PALABRAS NECIAS, OÍDOS SORDOS

Momentos como esos son los que ponen en perspectiva de qué manera queremos vivir y qué queremos lograr. No tienes que provenir de un linaje específico para ejercer tu pasión. Te recuerdo que mis padres no son músicos. Ninguno de ellos estaba envuelto en el mundo de la música. Sin embargo, la música me eligió a mí. Tú no estás limitado a ser lo que tus padres son o fueron. Cualquiera que identifique lo que le apasiona en la vida, y camina hacia eso, logrará llegar al lugar que siempre estuvo predestinado para él o para ella. Todos fuimos bendecidos con talentos y dones, pero es necesario que te esfuerces y trabajes en pos de lo que quieres lograr. Si no lo hubiera hecho, tú no estarías leyendo este libro ahora mismo.

Se vale recibir la retroalimentación de las personas, pero no puedes escuchar todo lo que te digan. Debes conectarte con tu creador y entender que se trata de caminar hacia lo que te llena. No importa en que momento de tu vida estés. No hay edad para el éxito. Mi nombre ahora está sonando más que nunca. Mucho más que cuando estaba joven. Ahora estoy en la edad de los 60 y es cuando muchos que no sabían ni siquiera de mi existencia o de mi trayectoria, quieren conocer de mí. Ahora es que reconocen mis colaboraciones, o se enteran de los artistas que han pasado por mis manos. Entonces, no hay edad que nos limite. Y en la música, definitivamente no hay edad.

Ese es uno de mis mayores consejos para los artistas jóvenes que piensan que si no logran éxito, o lo que ellos puedan pensar que es éxito a cierta edad, ya no tienen posibilidades. Hay muchos que sienten que ya es tarde para ellos y solamente tienen 30-35 años. El mejor ejemplo para demostrar que eso es un argumento mental, es una de las personas que más admiraba y sigo admirando en esta industria. No solo era una de mis artistas, era una amiga, mentora, y un gran ser humano: Celia Cruz. Celia tenía alrededor de 49-50 años cuando grabó con Pacheco el tema de *Quimbara*. A esa edad fue que ella estaba sonando fuerte. El hecho que ella estaba teniendo sus mejores éxitos a esa edad es la evidencia que sus años no la limitaban. Ella estaba confiada en lo que podía lograr y estaba dispuesta a tomar riesgos. Ella entendía que, para poder cambiar con los tiempos, había que mantenerse al corriente. Vas a leer muchas anécdotas de Celia Cruz a través del libro ya que fue una gran mentora.

NADA VALE MÁS QUE EL UNO

Hay muchos logros que he celebrado, muchas pequeñas pero grandes victorias que nacieron por el esfuerzo que he puesto en mis sueños desde muy joven. En mi familia fui el primero en comprarme una casa. Y recuerdo que personas de la misma familia me trataron de desanimar sembrando en mí miedo para no comprarla. Crecí con tantas inseguridades que no me atrevía ni siquiera hacer una llamada al banco para solicitar un préstamo, por miedo al rechazo. Aprendí que nadie que no tome riesgos logrará ver cuán lejos puede llegar. Como pudiste leer mis comienzos no fueron perfectos, pero fueron determinantes en mi deseo de cambiar la historia de mi vida. Tienes que atreverte a dar el primer paso y en el camino hallarás a alguien que esté dispuesto a creer en ti y darte la oportunidad. Esa siempre ha sido mi experiencia, la vida siempre se encarga de mostrarme mi "uno".

EL PODER DEL UNO

Aún recuerdo estar sentado frente al piano en el salón de música de una universidad en Brooklyn, Nueva York, cuando entró uno de los maestros que marcó mi vida. Era un maestro afroamericano que vio en mí lo que otros aún no habían visto. Estaba tocando el piano, simplemente disfrutando tranquilo el momento, cuando el me escuchó y me dijo: *"¡Wow Sergio, tú tienes un don para esto! Tocas muy bien y tienes un gran talento. ¿Has considerado tocar música como una carrera?"* Me eché a reír pensando que estaba bromeando pero realmente me lo decía con convicción. Me asombraron sus palabras. En ese momento le dije que no lo deseaba, que solo había tomado la clase de música porque para mí era fácil y sabía que la podía pasar fácilmente. Trate de disimularlo pero me impactaron mucho sus palabras. Fue la primera persona que logró ver un potencial en mi vida y que creyó en mí. Ese maestro me dijo: *"Tú deberías perseguir la música. ¡Tú tienes el talento!"* No lo había considerado hasta ese momento porque solo lo había estado haciendo como pasatiempo. ¿Sería ese mi propósito? ¿Me atrevería hacerlo como carrera? Mi mente no se detenía. Para añadirle al asunto, esa era la época en Nueva York de la salsa pesada, un ambiente fuerte donde incluso, muchos artistas dentro de la salsa eran adictos a diferentes drogas. Ya estaba tocando con diferentes conjuntos y a veces no me querían pagar bien. En ocasiones cobraba solo $30 dólares por un espectáculo. Nadie te quería dar consejos, no había mentores, en fin… era un tiempo bien difícil y complicado. Pero sus palabras permanecieron en mi mente y corazón y por primera vez lo contemplé como una posibilidad.

Sus palabras me motivaron y decidí tomar el examen para lograr entrar en la escuela de NY City College y tomar un curso de jazz y de música clásica. Como parte de ese examen había que pasar por una audición. Me preparé y pasé el examen. Me comencé a enamorar de otro aspecto la música. Ese fue el momento en el que me convertí en músico, a mis 19 años y todo porque una persona decidió creer en mí y motivarme. Ese es el poder del "uno". Una sola persona puede cambiarte la vida.

Una sola persona puede cambiarte la vida

UNA OPORTUNIDAD INESPERADA

En una ocasión fui con mi mamá a comprar un piano usado y de regreso estábamos en el subway, en el tren que nos llevaría de vuelta a casa desde City Hall. Se me acerca un caballero que llevaba rato observándome y me pregunta: *"¿tu tocas piano?"* Mi mamá, madre protectora al fin, se puso histérica, y pensaba que nos iba a asaltar. Me abrazó fuertemente a su cuerpo y no quería que le contestara. A pesar de eso, comencé a conversar con el caballero, en contra de los deseos de mi mamá. Resultó que el hijo de este señor tenía una banda que se llamaba *Conjunto Caché* y necesitaban un pianista. Él le dio mi número a su hijo para coordinar una cita para una audición. Fui a la audición que resultó era cerca del barrio donde vivía y me seleccionaron. Esa experiencia me enseñó y pude entender que cualquier momento en la vida puede resultar en una oportunidad.

Este caballero simplemente vio un joven con el estuche del piano en sus manos y se atrevió a tomarse el riesgo de abrir un camino. En la vida hay que aprender a tomar riesgos y entender que solamente se requiere aprovechar el momento y la oportunidad que tengas de frente. Siempre he dicho y creído que estamos en un negocio para servir. Cuando vives bajo este principio entiendes que tu deber desde cualquier plataforma, talento o posición es servirle a todo el que pase por tu vida y que alguien se beneficie de lo que tu portas.

NUNCA SABRÁS QUIÉN DE ESAS PERSONAS A QUIEN TÚ LE SIRVAS

TERMINARÁ SIENDO UN PUENTE PARA TI Y LOGRE CONECTARTE CON LA PRÓXIMA TEMPORADA DE TU VIDA.

Jamás hubiese imaginado que tratar con amabilidad al hombre que mi mamá pensaba era un delincuente en el tren, terminó siendo el instrumento que me llevaría a una temporada diferente en mi vida. Mi meta es tener la sensibilidad de ese maestro y la intuición de ese hombre en el tren porque no pienso quitarme de la música. Me gustaría entrar en una etapa más intencional como mentor. Quiero hacer por otros lo que nunca hicieron por mí dentro de la industria. Quiero ayudar al talento nuevo, a esos jóvenes que desean entrar en este tipo de carrera y motivarlos a que lleguen lo más lejos que puedan. La próxima estrella de la música posiblemente está estacionando automóviles, o sirviendo mesas en este momento. Son personas con talentos ocultos que necesitan de alguien que pueda creer en ellos y motivarlos para que se lancen.

EL PODER DE CREER EN UNO

En el camino la vida siempre se encargará de poner ese "uno" que se convertirá en la persona que hará la diferencia en tu vida. De igual manera, nosotros nos convertimos en el "uno" de otros. Recuerdo cuando estaba comenzando con DLG. Había firmado con Sony™ después de irme de RMM™. Mi primer grupo fue DLG. En ese momento el reggae estaba bien pegado en el mundo musical y deseaba fusionarlo con la salsa. No sabía nada del género reggae, pero sabía que quería hacer algo. En el sótano de mi casa, con mi teclado comencé a crear una fusión y montar la canción *"No Morirá"*. Sabía que iba a necesitar raperos y me acordé de mi barbero, James the Barber, que siempre me rapeaba cuando me recortaba, porque lo creas o no, ¡para ese tiempo tenía pelo! Lo llamé y en el sótano de mi casa grabamos parte de la canción. Deseaba unir al cantante original de ese tema que era George Lamond, pero no se pudo. Así que le pregunté a James si conocía a otro cantante para integrarlo. Él me recomendó a Huey Dunbar, su amigo de Queens, Nueva York. Huey no hablaba nada de español, pero le entregamos la maqueta que había y se la aprendió por fonética. Entró al estudio y lo cantó. Tenía solo 18 años. Cuando lo escuché, me gustó y comenzamos a trabajar el tema. Sentía que faltaba algo. Estando en el estudio grabando, de la nada me llaman y me dicen que mi amigo Winston de Jesús había llegado y me preguntaron si lo dejaba subir al estudio. Me pareció pero les contesté que sí. Cuando la persona llega, no era mi amigo Winston. Me le quedo mirando y le digo: *"¡Tú no eres Winston!"* Él me contesta y me dice: *"No, soy amigo de Winston, él me envió, soy rapero"*. Se podrán imaginar mi cara. Justo estábamos grabando la canción y necesitando una tercera voz, y es cuando el destino trae a Fragancia. Fue una locura, pero armé un grupo con mi barbero, un empleado de McDonald's™ y un desconocido que nunca había escuchado hasta ese momento.

Al principio fue una lucha para que en Sony™ creyera en el proyecto. La visión de ellos era tener algo que pudiese competir con lo que ya estaba en el mercado. Les mencioné que iba a integrar un rapero al grupo. Ellos no lo querían bajo ningún concepto. No lo aceptaban. Preferían mejor no grabar el disco. Aun así, no me daba por vencido. En ese momento, un amigo mío Pedro Biaggi, que trabajó en la radio, era muy amigo de Junior Soto a quién solo conocía de referencia. No había tenido la oportunidad de conocerlo personalmente. Junior Soto estaba a cargo de la emisora de salsa más dominante en Puerto Rico. Pedro me dice que me iba a conectar con Junior, ya que él había escuchado lo que quería hacer con DLG y le gustaba. Así que viajamos de Nueva York a Caguas, Puerto Rico, para la cadena de radio Sal Soul®. Ahí fue que Junior Soto escuchó por primera vez la canción *"No Morirá"* y le encantó. Se volvió loco cuando la escuchó. Tanto así que me dijo: *"Déjamela que yo la voy a pegar y la voy a poner a sonar."* Estaba sorprendido porque ni siquiera estaba mezclado. Y así lo hizo. La puso a sonar en la radio en Puerto Rico y el disco se pegó tal y como estaba, solo una maqueta. De repente Sony™ comenzó a recibir llamadas de otras emisoras reclamando por qué ellos no tenían el material que se estaba escuchando. En ese momento Sony™ entendió la visión y comenzaron a respaldar al grupo y a su música. Fue todo un éxito, pero hizo falta ese poder del "uno"; una persona que creyó y que estuvo dispuesto a tomar ese riesgo.

Por eso es tan importante tener consciencia de las personas que nos rodean y que permitimos tengan una voz en nuestra vida. Una sola persona te puede llevar al éxito, pero una sola persona puede llevarte al fracaso. Conocemos el refrán: *dime con quién andas y te diré quién eres*, y aunque hay quienes dicen que eso no es necesariamente real, tampoco es menos cierto. Si compartes con gente sin visión en la vida, no desarrollarás las tuyas; terminarás conformándote sin buscar superarte. Es igual que si te rodeas de gente pobres de mente, terminarás en la misma situación. Ahora bien, si te rodeas de soñadores, gente con hambre de crecer, de perseguir sueños, terminarás con el deseo y el anhelo de perseguir los tuyos. Busca rodearte siempre de personas iguales o mejores que tú en el sentido de la visión de vida. Evita las personas que se sienten fracasadas, que siempre ven las cosas negativas o imposibles. Es preferible caminar solo que caminar con alguien negativo. Tú tienes que ser tu fan número uno. Tú tienes que mantenerte motivado y llenarte de conocimiento todos los días. No deberías esperar recibir motivación externa porque la motivación externa no está garantizada. Si te comprometes contigo mismo, nunca estarás esperando que otro haga por ti lo que eres capaz de hacer por ti mismo.

Recuerdo que aproximadamente para el año 1993, Columbia Pictures® había hablado con varias personas para que sometieran una alternativa para la canción de apertura de la película que se llamaría *Blackout.* La canción que fuera aceptada significaría que a la persona también se le otorgaría toda la música de la película. Inmediatamente quise arriesgarme con algo diferente. Contacté un amigo mío para que me consiguiera del baúl de los recuerdos opciones de Pete (boogaloo) Rodríguez y encontré la canción *I Like It Like That* original del 1967 entre muchos casettes. Le hice los arreglos, llamé a Tito Nieves, creamos el demo y la sometí. A la compañía le encantó tanto la canción que le cambiaron el nombre a la película y nos dieron toda la música de la película. Así lanzó para el 1994. El éxito de *I Like It Like That* ha sido reproducido por varios artistas y ha sido incluida en varias películas y videojuegos. Incluso la línea de restaurantes de comida rápida Burger King® la usaron campañas comerciales. Una canción y un riesgo ha producido años de entretenimiento.

Hay un gran poder en el uno. Una oportunidad, una persona, una canción, una melodía, puede cambiar tu vida, solo debes tener la disposición de ver cada momento como una oportunidad y atreverte a tomar riesgos.

RIESGO VS. MIEDO

Hace poco escuchaba a un predicador en las redes sociales decir que todos nacemos con un destino escogido y que esto, en cierta manera, dictaba lo que seríamos en la vida. Eso me puso a pensar y llegué a la siguiente conclusión: aunque nacemos con un destino escogido, tenemos que aprender a actuar sobre aquellas oportunidades que la vida nos presenta. Hay oportunidades que llegan para acercarnos a ese destino pero está de nosotros aceptarlas y no dejar que el miedo impida que las aceptemos. No puedes simplemente quedarte sentado esperando que tu destino llegue a ti. Tú puedes tener todo a tu favor para llegar a ser un gran artista, cantante, autor, escritor, chef, etc., pero si no aprendes a tomar ventaja y aprovechar las oportunidades que se presentan, estás poniendo en riesgo tu propio destino. Muchas personas no aprovechan los talentos que poseen y se lanzan a perseguir sus sueños por temor y miedo. Muchas personas que hoy pudiesen estar viviendo de los talentos que poseen no lo han logrado porque no se atrevieron a dar el paso. Me han preguntado en muchas ocasiones, ¿cuál ha sido mi secreto para haber logrado tantos éxitos? Mi respuesta siempre es la misma: yo siempre asumo riesgos. Tomar riesgos puede llevarte a descubrir lo que un razonamiento calculado no podrá. En este capítulo les daré varios ejemplos del valor de los riesgos.

No es lo mismo vivir con miedo que vivir una cultura de riesgo. El miedo paraliza y detiene. Hay tantas personas que no se lanzan a crear, a emprender, incluso a amar y a soñar, debido al miedo. Es una palabra pequeña pero demasiado poderosa. Tal vez tengas que tomar una pausa en algún momento en tu vida, pero la razón nunca debe ser el miedo. Si supiéramos de antemano el resultado de nuestras decisiones todo sería mucho más seguro. Sin embargo, les aseguro que la creatividad, la espontaneidad y la adrenalina de esperar y ver lo que resulta de los riesgos que tomamos, disminuirían. Nunca tengo la certeza de saber si un ritmo al fusionarlo con otro va a sonar bien. Tampoco sé si una canción será un gran éxito al lanzarla, pero no dejo que el miedo me detenga. Me tomo el riesgo de hacer lo que otros no se atreven. Vivo bajo un riesgo constante y precisamente por arriesgarme con sonidos, con movimientos, con personas, y con ideas que parecen una locura, es que hoy puedo celebrar grandes logros que han dejado huellas en la comunidad latina y en la historia de nuestra música. Fueron muchas ocasiones en las que me dijeron que estaba loco cada vez que quería fusionar algo nuevo, o combinar artistas. Me decían que eso era un riesgo hacerlo y que no lograría unir dos mundos opuestos, pero el tiempo siempre me ha dado la razón.

Ahora bien, vivir bajo una cultura de riesgo es gratificante cuando estás dispuesto a recibir los fracasos y celebrarlos con la misma actitud que celebras el éxito. No es que estés feliz con un fracaso, pero puedes convertirlo en motivación para volver a intentarlo, ya con mejor conocimiento y experiencia. Una de las cosas que me reta, pero que a la vez me sirve de motivación, es la gente que duda; especialmente cuando dudan sobre mis decisiones. Eso me da más fuerza para demostrarles lo contrario. Tienes que encontrar una motivación que te sirva de gasolina para que no te rindas en el camino y entender que de camino al éxito van a existir riesgos y fracasos. Los fracasos solo serán negativos si no aprendes nada de ellos.

LOS RIESGOS PRODUCEN OPORTUNIDADES

Hay que recalcar que todo momento puede ser una oportunidad en la que posiblemente el riesgo de tomarla pueda resultar de manera positiva. Recuerdo que cuando grabé el tema con Celia Cruz de *La Negra Tumbao*, dejé un espacio para integrar un rapero. No sabía todavía quién lo haría, pero sabía que deseaba integrar una colaboración de un rapero. Originalmente le había hecho el acercamiento a una artista urbana femenina, pero entre una cosa y otra, no se dio. Una noche estaba en un club y vi entrar a *Mikey Perfecto* y de inmediato le hice el acercamiento. Al día siguiente, Mikey estaba en mi casa y grabó el "featuring", la colaboración de la canción. Ese es el famoso rap que sale en la canción de Celia Cruz. Ese encuentro casual en el club se convirtió en una oportunidad que volvió a revivir la carrera de Mikey y pudo impulsar aún más la canción de Celia Cruz. En una sola oportunidad, varias personas se vieron beneficiados, dos carreras impactadas y una huella en la música de la salsa. Ambos se tomaron el riesgo de hacer algo nuevo y diferente y el resultado fue un éxito. Detrás de esa canción hay otra historia, otro riesgo que contaré más adelante.

ARRIESGARSE EN ESTA INDUSTRIA ATREVERSE A HACER QUE NADIE HA HECHO.

No te lo digo solo para motivarte, esto es una ley de vida que practico. Para finales de los años 80 había llegado a Nueva York la Orquesta De La Luz de Japón. Ellos habían financiado su propia gira para llegar a los Estados Unidos. Contactaron a Richie Bonilla quien era un *"Booking Agent"* para ese tiempo ya que ellos, y aunque no entendían español, se habían enamorado de la salsa.

Cuando viajaron a Nueva York, Richie les organizó su gira y contactó a Ralph Mercado el dueño de RMM™ el imperio musical del mercado tropical en ese entonces. Ralph y yo asistimos a una de sus presentaciones. Me pareció impresionante ver esos asiáticos tocar nuestra música con la pasión que lo hacían. Aunque tenían bastante conocimiento, la música no estaba tan elaborada necesariamente, pero era muy novedoso. Esa noche todos detectamos algo especial y Ralph de manera inmediata quiso hacer una producción con ellos. Era muy costoso traer la orquesta completa desde Japón a Estados Unidos, así que la idea de Ralph era que yo fuera a Japón para producirlos a ellos allá. Fue entonces cuando unas semanas más tarde, con un permiso de licencia de promoción y distribución fuera de Japón que Ralph consiguió, la compañía BMG pagó para que llegara a Japón a producirles su primer álbum. Fue un gran reto para mí ya que me encontré en un lugar donde no conocían la música latina o el español, y tampoco sabían cómo grabar la música salsa. Me tocó producir ese disco con un traductor. Le pedía al traductor lo que quería en inglés, él se lo comunicaba a ellos en japones y sus respuestas llegaban devuelta en inglés; nunca hablamos español. La cantante principal, Nora Suzuki, era la única que cantaba en español y sólo por fonética, porque ella no sabía lo que significaba lo que estaba cantando. Un mes después llegué a Nueva York y le mostré la producción a Ralph Mercado y quedó loco con la producción.

Deben tener en cuenta que para ese tiempo no existía el internet como ahora. Para escuchar la producción tenían que esperar mi regreso para obtenerla. Así que, para junio del 1990, salió el disco *Salsa Caliente Del Japón*, una producción novedosa, nunca visto en la comunidad latina y en la salsa. Ellos pegaron en la radio y sacaron disco de oro sin siquiera la gente verles la cara. Vendieron medio millón de discos y en par de meses habían firmado varios contratos para América Latina. Siento que me gradué como productor con ese disco. El riesgo fue llegar a un país donde nadie me conocía, no hablaban mi idioma ni yo el de ellos. Todo se hizo con traductores y ver el resultado de donde fueron capaces de llegar, validaron mi trabajo y reafirmó mi talento y mis capacidades. No llevaba tanto tiempo produciendo para ese tiempo y no fue hasta finalizar esa producción y ver su acogida que supe que tenía un verdadero talento para esto. Fue un riesgo que produjo un excelente resultado y estaré siempre agradecido con Ralph Mercado por darme el voto de confianza para algo novedoso.

Y de eso se trata, de sacarle el mejor provecho a cada oportunidad que se presente, aunque no conozcas de antemano el resultado. Si lo puedes creer, lo puedes provocar. Otra experiencia que me dio mucha satisfacción vino de un de repente. Recuerdo que estaba en Puerto Rico de vacaciones cuando me

> **Si lo puedes creer, lo puedes provocar**

enteré de la noticia que Charlie Aponte, – ex integrante del *Gran Combo* había tomado la decisión de irse del grupo. Recuerdo que inmediatamente pensé que me gustaría hacerle el acercamiento para grabarlo, aunque supuestamente él había tomado la decisión de retirarse de la música. Lo contacté a través de un amigo ya que no lo conocía personalmente. Cuando él recibió mi llamada se conmovió muchísimo. Sus planes eran retirarse de la salsa. Y a sus 65 años recibe una llamada para darle continuidad a su pasión, pero ahora como solista. La gente me comenzó a criticar y decían que le había hecho daño a Charlie con ese disco. Pero, Charlie pegó bien fuerte dos canciones en Latinoamérica. Lo que la gente desconocía era que a Charlie le encantaba pescar. Y el haber sonado tan fuerte en Latinoamérica resultó en que un día me llama y me dice: *"nadie sabe que con un espectáculo que haga acá, es más que suficiente sustento para vivir el estilo de vida que deseo y disfrutar de la pesca."* Charlie decidió irse como solista a los 65 años. Ahora no tan solo estaba generando más dinero con menos trabajo, estaba disfrutado de su pasatiempo favorito que era la pesca. Fue un riesgo para ambos. El decidió volver a emprender, ahora como solista a los 65 años; y no sabía si lo que haríamos rendiría un resultado positivo. El ejemplo de Charlie es la evidencia que nunca es tarde para hacer aquellas cosas que te apasionan. No nos detuvimos ante un posible escenario de fracaso. A Charlie no lo detuvo la edad queriendo emprender como solista y decidió tomar el riesgo. Le apostamos al éxito.

Estas experiencias de lanzarme a hacer cosas diferentes con personas, con fusiones musicales, y con sonidos, ha sido una constante motivación para mí. Por eso, es por lo que he podido no tan solo producir un disco con personas asiáticas, o ayudar a diferentes colegas obtener una segunda vuelta en sus carreras, sigue siendo la motivación para desarrollar ideas innovadoras. Esto se ha traducido en fusiones como: crear un grupo con base de reggae como lo fue DLG, crear una colaboración entre mi barbero "James La Barba" con Tito Nieves, he unido a diferentes íconos de la salsa a cantar juntos, he transformado baladas en salsa e inclusive fusioné la bachata con un mariachi en la canción *"Incondicional"* de Prince Royce. No le temo a los riesgos, más bien los convierto en posibilidades. Mientras más loca la idea, más energía me da para hacerla.

EL PODER DE LA MENTE

Actualmente siento que no le tengo miedo a nada. Estoy claro que le sirvo al público, al artista y a mi creador que me puso aquí para hacer precisamente todo lo que hago. Pero no siempre fue así. Nunca le tuve miedo al fracaso, pero sí le tenía miedo al éxito. El miedo al éxito probablemente es peor que el miedo al fracaso, porque si lo obtienes, no lo quieres perder. Y si lo pierdes, tal vez nunca regrese. ¿Y cómo se maneja el éxito? No hay un manual para eso. Sabemos cómo manejar el fracaso porque todos los días fracasamos en algo: llegamos tarde, quemamos la comida, intentamos algo y no nos sale, etc. Sabemos como manejar el fracaso porque estamos acostumbrados. Pero el éxito grande, ¿quién te enseña a manejarlo? Ese ha sido el problema con muchos artistas. Fracasan no porque no peguen una canción, sino más bien porque no supieron manejar el éxito. El mismo éxito los consumió. La presión que llega con el éxito es fuerte y no hay un libro que te prepare para eso. Precisamente por ser diferente y atrevido en esta industria, es que me ha tocado pagar un precio alto, el precio de la raza, el prejuicio discriminación. Aun así, cada experiencia me ha hecho más fuerte.

EL PRECIO DE LA RAZA

Recuerdo el 31 de marzo de 2014 durante los premios BMI, Marc Anthony me hizo un tributo. Me estaban otorgando ese año el *BMI President's Award*. Esta ceremonia reconoce los escritores y productores de las canciones latinas más ejecutadas y sonadas en la radio y televisión de los Estados Unidos. Este premio reconoce los escritores y productores que han influenciado profundamente la industria del entretenimiento. Marc no solo me presentó para recibir el premio, sino que junto conmigo y otros artistas subieron al escenario para hacer una sesión en vivo. Me disfruté mucho esa experiencia y no pude evitar recorrer en mi mente todos los momentos a través de mi carrera, que un tributo como este parecería imposible de recibir y lejos de alcanzar. Mi vida no ha sido toda color de rosa, y no por ser Sergio George ha significado que la gente siempre creyó en mí. Por el contrario, fueron muchas cosas en mi contra pero a través de todas ellas me hacía cada vez más fuerte.

Ya por ser un hombre afrolatino, puertorriqueño, nacido y criado en un residencial (un edificio público) en East Harlem, Nueva York, proveniente de un hogar de minorías, automáticamente me exponía a vivir mucho rechazo y tener que sobrepasar muchos obstáculos. Uno sufre mucho en esta industria y mucho más ahora con las redes sociales. Te atacan a ti, atacan a tu familia, no hay limitaciones. Hay muchas personas heridas. Y las personas heridas, hieren a otros. Hay personas que viven sus vidas frustradas por éxitos que nunca lograron o situaciones personales que nunca resolvieron y eso no les permite celebrar el éxito de los demás. Son personas con una vibra negativa y son incapaces de realmente reconocer y celebrar que has llegado mucho más lejos que ellos. Lo mejor que puede tener un ser humano es la humildad de reconocer el talento de otro y la capacidad de celebrarle sus victorias. Pensarías que en la industria de la música los artistas, músicos y productores celebrarían genuinamente los logros de sus compañeros, pero les confieso que no siempre he vivido eso.

UN ENEMIGO INTERNO

Aquí en los Estados Unidos, lamentablemente se puede ver a diario en los medios de comunicación, como se vive la discriminación y el racismo en contra de la comunidad latina. Tal vez por eso, no nos resultaría extraño ser juzgados o rechazados por gente que no pertenece a nuestra comunidad. Pero, la realidad es que los momentos e incidentes en los que mayor rechazo o discriminación he vivido, no provinieron de personas de otras razas,

HAN SIDO LOS MISMOS LATINOS QUIENES MÁS SEVERAMENTE ME HAN JUZGADO Y TRATADO.

Incluso, es triste para mi decirlo, pero donde más he vivido críticas y comentarios negativos ha sido entre colegas y fans latinos. En lugar de apoyarnos y motivarnos entre latinos y celebrar los éxitos o cuán lejos hemos logrado llegar, nos ponemos el pie entre nosotros para tropezar. No nos alegramos del éxito del otro, sino que criticamos y pensamos que merecemos llegar más lejos que lo que la persona logró llegar. Lamentablemente no hubo y aún no hay, un apoyo genuino entre los salseros, por eso es que este estilo de música está en peligro de extinción. Lo he dicho públicamente en varias ocasiones, en lo personal el americano blanco nunca me ha hecho sentir menos y nunca me ha minimizado; nunca. Pero el racismo siempre lo he experimentado del mismo latino. Todavía increíblemente, la comunidad latina no está acostumbrada a ver un negro latino con éxito. Me resultaba interesante ver que quienes me criticaban, en su mayoría eran no eran blancos de ojos azules, eran latinos como yo. Ahora bien, tengo que sacar aparte a mis hermanos de la República Dominicana y de Colombia que siempre, me han considerado uno de ellos y han sido uno de los países donde nunca me han hecho sentir menos.

Cuando comencé el grupo de DLG, la parte musical no era la única razón principal de crear este grupo. Siempre, como les expliqué, había querido hacer algo con la base del reggae, aunque no sabía cómo lo haría. La realidad es que en ese momento, no había cantantes negros en el género de la salsa sonando en la radio. Todos eran blancos. DLG significa: Dark Latin Group (Grupo Negro Latino traducido al español) y era la pura verdad. Fue el nombre que Adam Torres ayudó a establecer. No teníamos representación de la raza negra sonando en la radio. En Puerto Rico en una época teníamos a Cortijo y su Combo, Roberto Roena, Pete El Conde, Cheo... puros negros y de un día para otro, eran solo blanquitos. No teníamos a nadie de la raza negra pegando en la radio. Y no se trata de ser racista en contra del blanco, era más bien la pregunta que retumbaba en mi mente de: *¿por qué ese negro de Loíza o de Rio Grande, Puerto Rico decidió dejar de crear?* Pasa lo mismo en Colombia. Los negritos, puro negro africano, están en la región más pobre llamada El Chocó. Está en la frontera con Panamá. En Colombia esa es una de las áreas olvidadas. Tú vas a las otras ciudades como Bogotá y Medellín y ves las condiciones de vida completamente diferente de lo que puedes ver en El Chocó. Y por eso muchos negros viven con la mentalidad que son inferiores y que no van a poder alcanzar el mismo éxito. Por eso muchos no llegan. Se les enseñó que no podían y se quedaron frustrados. Apoyo todo tipo de artista independientemente de su color o raza, pero es sumamente importante para mí desafiar la mentalidad minimalista que pueda tener cualquier persona. Estamos en esta industria para servirle a los demás desde nuestros talentos. El color de tu piel, tu país de procedencia, ni donde te criaste, define si puedes o no alcanzar tu mayor potencial. A veces tu mayor enemigo son tus propios pensamientos. No permitas que otros definan tu valor.

EN CONTRA DE TODO PRONÓSTICO

Actualmente mucha gente afrolatina, me escribe y me expresan el orgullo que sienten por representarlos. Eso no siempre fue así. Por muchos años no hubo otro productor afrolatino en la industria. Al principio nadie creía en mí y me cerraban las puertas y no me querían dar oportunidades. Me miraban de manera despectiva y hasta decían: *"ese tipo es muy calle."* Me tenían en poco. Hoy día la misma industria que estaba en mi contra, es la que ahora me busca porque soy lo que ellos necesitan impulsar: soy bilingüe, soy birracial, bicultural, etc. Fui por mucho tiempo uno de los pocos productores afrolatinos. Otra razón por la cual recibía muchas críticas era por ser uno de los únicos productores que apoyaba a los artistas urbanos en la radio cuando nadie lo hacía. Yo veía el potencial de su crecimiento. Por eso es que los muchachos urbanos me han considerado como si fuera uno de ellos. Siempre me mantuve firme cuando otros en mi lugar se hubiesen quitado. Siempre le daban prioridad a los productores latinos de otros países. Y no era que no estaba haciendo un buen trabajo, por el contrario. Comencé a escribir canciones que pegaron bien duro en los medios desde el 1988, pero no fue hasta el 2003 que me nominaron por primera vez a un Grammy Latino. ¡2003! Prácticamente tuve que probarme por 15 años antes de alcanzar un logro como ese. Ese momento se logró trabajando con Celia, otra negra como yo. No había una razón legítima que explicara por qué la misma industria no reconocía mi talento. Las canciones que estaba produciendo no solo estaban pegando en la radio en Puerto Rico, estaban sonando a nivel mundial. Ya cuando finalmente llegó la primera nominación por el trabajo con Celia, muchos de los que estaban en el poder o tenían las influencias ya no estaban o se habían retirado. No me importaban sus críticas, cerré mis oídos a sus limitaciones y me mantuve enfocado en las metas que deseaba realizar.

Todavía hoy he sido criticado severamente por no seguir con la corriente de la industria. Siempre he sido un hombre tranquilo. No tengo otro vicio que no sea la música. Tener esta personalidad en una industria donde el alcohol, las mujeres y las drogas es algo común, no ha sido fácil. Recuerdo un evento cuando estaba tocando en *El Corso*, una discoteca de salsa famosa en Nueva York para esos tiempos. Cuando se acabó el espectáculo, el gerente/director me dice que a la banda le iban a pagar con drogas. La banda entera se movilizó para ir tras ese pago y como era el único que no se metía drogas, me pagaron en efectivo y se burlaron de mí. Por eso no puedo poner en un pedestal a estos "grandes de la salsa". En el caso de muchos de ellos, eran los ídolos de muchos jóvenes y otros artistas que estaban comenzando, pero eran adictos a la heroína. La realidad es que muchos artistas jóvenes siguieron sus pasos y llegaron a convertirse en adictos porque su ídolo usaba drogas. Lamentablemente metieron mucha gente en el vicio con su ejemplo. Eso fue así. Muchos jóvenes deseaban entrar en este mundo de la música pensando que se manejaba como ellos lo modelaban, pero era una falsa realidad.

A MÍ ME COSTÓ MUCHO PERMANECER ÍNTEGRO EN UNA INDUSTRIA DONDE ERA FÁCIL DEJARSE LLEVAR POR LOS "MÁS POPULARES".

La discriminación que he vivido no se ha limitado solo al color de mi piel o a mi procedencia, también me han criticado por trabajar con mujeres. Me han juzgado cuando he trabajado con artistas femeninas. Han puesto en tela de juicio mi integridad. Me han acusado de querer acostarme con esas mujeres cuando en realidad ese nunca ha sido el caso. Cada vez que comienzo a trabajar con una artista femenina, la llaman "la nueva querida de Sergio George". Es difícil en esta industria como productor tener el mejor deseo de ayudar a una artista femenina, y tener que escuchar las acusaciones y las barbaridades que se inventa la gente. Nunca he visto mis artistas con otros ojos que no sean los de reconocer su talento y desear sacar lo mejor de ellos. Cuando decido ayudar a un artista no miro su género. Pueden ser mujeres, pero eso no me hace verlas de manera distinta. Trato igual a los artistas sea hombre o sea mujer. Para mí es bien importante que se sepa. Soy padre no tan solo de un varón, sino de una hija también. Ella es mi princesa y una de las mujeres más importante en mi vida. Es importante para mí que ella sepa que su papá es un hombre íntegro. La gente en esta industria siempre está buscando el próximo chisme que les ayude a subir sus ratings, aunque sea con mentiras. Es una pena que no se vean más mujeres dominando en los ritmos tropicales. Sé que hay muchas que tienen el talento para darle vida a este género. Definitivamente la salsa siempre ha sido dominada por los hombres, pero las mujeres que decidieron incursionar en ella dejaron y están dejando grandes huellas.

Recientemente hice una colaboración con una artista y adoradora cristiana. Me habían hablado de ella y me mostraron como ella, sin buscar ser una artista del género de música sacra, gozaba de una gracia y de un gran talento. Era exitosa con sus plataformas. Sus arreglos musicales, su manera de hablar a través de la música y su forma tan apasionada de llevar un mensaje cantado, me inspiró. Me convertí en su fan. Nos pusimos en contacto y realizamos una colaboración hermosa con la canción titulada: *Muéstrame*. Realizamos juntos el video musical con todo su ministerio. Estaba muy orgulloso del resultado final y de esta hermosa alabanza. Pero, para mi sorpresa, aunque miles de personas hicieron comentarios bonitos, hubo alrededor de 1/3 de los comentarios que lamentablemente no eran positivos. Me llamaron atrevido por compartir una plataforma con una adoradora. Me dijeron que era un hijo del diablo y que adoraba a satanás. Hubo muchos comentarios que, aunque me sorprendieron porque no me los esperaba, a la misma vez simplemente me confirmaron que la gente nunca está preparada para recibir algo diferente. La gente está acostumbrado a una sola cosa. Esto aplica aún en la música sacra. Por lo que es fundamental, aún para los artistas de música cristiana, que se diversifiquen sin soltar su base y sus creencias. Esto los puede ayudar a llevar el mensaje a un público que tal vez, haciendo lo que siempre han hecho, no los hubiesen seguido o no los hubiesen escuchado.

UN ARCOÍRIS EN UN MUNDO BLANCO Y NEGRO

Nunca es fácil ser señalado y juzgado pero duele y sorprende aún más cuando proviene de los más cercanos. Les confieso que en la salsa es donde más me han rechazado. No es fácil que los mismos tuyos te den la espalda, pero es lo que he vivido constantemente en esta industria. El mayor respeto lo he recibido más de los de afuera del género de la salsa, que de los mismos de adentro. Cuando me encuentro con los diferentes artistas del género urbano, veo que ellos son locos conmigo. Me saludan con mucho entusiasmo, me abrazan, me respetan y me honran por quien soy; sin embargo, cuando me encuentro con un salsero de la vieja guardia es totalmente lo contrario; claro, quitando unas excepciones. Eso era lo mismo que experimentaban los artistas urbanos en muchas ocasiones, rechazo de los de adentro. Eran marginados por quienes dominaban en esos tiempos la industria de la música. Los minimizaban y les decían que se quedaran en sus caseríos. Los grandes empresarios pensaban que la música urbana no saldría de Puerto Rico. Estaban convencidos que iba a permanecer en el "mercado negro." Sin embargo, con el pasar del tiempo algo impresionante ocurrió: la música urbana destronó el imperio de la salsa. Estos grandes empresarios no entendían la cultura. Pero el tiempo demostró lo contrario.

> la música urbana destronó el imperio de la salsa

Es importante nunca subestimar ningún género o ningún artista que pudiera revolucionar el mercado. La música es como el ajedrez... el más pequeño puede llegar a ser el más grande.

Así que, muchas personas a través de mi carrera y más en estos tiempos, han querido tomar ventaja detrás de mi nombre. En un principio no significaba nada, pero ahora lo usan para tratar de ganar poder e influencia. Estos tiempos han requerido que analice mejor las oportunidades que surgen y las personas que se acercan. Es increíble como en un principio no me consideraban nadie y ahora hay muchos que respetan mi opinión. Hay personas que incluso no sé cómo se las ingenian para contactar a mis padres y les han entregado demos, cd, casettes para que ellos me lo entreguen. Me río mucho con mi mamá que quiere ayudar a todos los que se le acercan. Pero, para ellos también ha sido fuerte. Como les mencione, en esta era de la tecnología es bien accesible ver lo positivo, pero también lo negativo. Ellos como padres también han sido testigos. Un libro no tendría el espacio suficiente para contar todas las cosas que tuve que vivir y aun sigo viviendo. Llevo tantos años en esta industria que puedo decir: aquí nací; aquí me desarrollé; aquí he alcanzado el éxito; y es aquí donde he visto un gigante caer. Todas estas historias solamente validan lo que vengo hablando en las redes sociales y en las entrevistas: he visto lo bueno y lo malo de la salsa y hoy soy testigo de un reino caído. Por eso, nunca he dejado mi vida a la suerte, he trabajado duro para adueñarme de mi destino.

48

Detrás del escenario en el American Airlines Arena en Miami con Marc Anthony. Era la primera función vendida en su totalidad del concierto *Vivir Mi Vida*.

Grabación del disco *3.0* en Criteria Studios en Miami, Florida.

Artista latino David Bisbal en Sirius XM en la ciudad de Nueva York.

En Curacao con Lou Gossett Jr., durante su primera grabación de la película *Double Play* donde yo fui el director musical.

Celia Cruz en el estudio Quad en Nueva York, grabando
la versión en Inglés de la canción *La Negra Tiene Tumbao*.

Thalía en el estudio de su casa en Connecticut grabando el disco *Latina*.

Gobernador Jeb Bush justo después de su carrera
presidencial en pleno vuelo hablando de política.

Amiga por más de 20 años, Jennifer López en una fiesta en Soho.

Ruben Blades y yo en un concierto de caridad
detrás del escenario en Nueva York.

En Bogotá, Colombia con Maluma en 2015
durante la grabación de *Desde Esa Noche* con Thalía.

Detrás del escenario durante el concierto del álbum número cien de Tito Puente en San Juan, Puerto Rico. De izquierda a derecha: Willie Rosario, Oscar de León, Cheo Feliciano, Tito Puente, Santos Colón, Domingo Quiñones, Ralph Mercado, Ismael Miranda, Sergio George y Bobby Valentín.

En el yate de Marc Anthony con Luis Miguel.

En Criteria Studios Miami en el 2019
grabando la apertura de *Premios Lo Nuestro*.

Con Ebro Darden, ejecutivo de medios y personalidad
de la radio, en el edificio de Apple Music en Nueva York.

J. Balvin en la grabación de su video en Miami. Solo pasaba para saludar.

Con Marc Anthony y Daddy Yankee en
la grabación del video *De Vuelta Pa'la Vuelta*.

En Criteria Studios con Marc Anthony y el jugador
del equipo Toronto Blue Jays – Valdy Guerrero Jr.

Vin Diesel sonando su disco para que Marc Anthony
y yo lo escucháramos en Criteria Studios.

La famosa artista afrocubana Graciela y Mario Bauza,
conocido cómo uno de los creadores del Jazz Afrocubano.

Mi primer trabajo musical a los 17 años en Cali, Colombia.

DISEÑANDO MI DESTINO

Mencioné al principio de este libro que lo que he logrado en la música no lo heredé de nadie en mi familia. Ninguno de ellos son músicos o trabajaron en la industria de la música. Siempre he buscado estar a la vanguardia de los tiempos y adelantar las agendas y los sonidos o ritmos que veo venir. Desde muy joven supe que, si quería lograr algo en la vida, o si quería llegar a donde nadie en mi familia había llegado, tenía que adueñarme de mi destino. Era necesario comenzar a dar pasos gigantes y tomar decisiones que me colocaran allí. Hay cosas que van a llegar a ti porque así Dios lo quiere y hay otras que tú tienes que salir a conquistar. Una de las razones principales que me llevaron a querer ser un productor, es precisamente para poder tomar el control de mi destino. Aprendí a ver la vida desde el lente de las oportunidades. Cuando los cambios y las oportunidades llegan, nada ni nadie las detiene. Ese es el momento para decidir si te montas en la ola o te quitas. Lo que tú no aproveches, otro lo hará. He aprendido a aprovechar cada oportunidad que se presenta, aunque no tenga la certeza de a donde me conducirá.

TODO COMIENZO ESCONDE UNA GRANDEZA

En una ocasión estaba tocando piano con Willie Colón teníamos programado un concierto en Medellín, Colombia. El coliseo estaba completamente lleno. Saliendo de Bogotá, perdimos el vuelo. No pudimos salir a tiempo para comenzar el espectáculo a la hora que estaba programado. La gente que estaba en el coliseo estaba molesta porque los músicos no llegaban. Hubo mil rumores del porqué no habíamos llegado. Comenzaron a correr chismes que estábamos tomando y con mujeres, hasta que nos fuimos para otra rumba. Llegamos súper tarde al coliseo. La gente se molestó tanto, que desbarataron el coliseo, incluyendo mi piano que estaba montado. Terminaron metiéndonos presos a todos por causa del tumulto. Estuve 24 horas tras las rejas, siendo inocente, en Medellín, Colombia con la banda entera. Gracias a Dios nos sacó la Embajada Americana y juré en ese momento, nunca más volver. Estaba frustrado habiendo pasado por esa experiencia.

Al tiempo de ese incidente me contactó Danny Jiménez, un amigo, para que le ayudara en la grabación y en la música de Alberto Barros. Su banda tenía la cede en Medellín, Colombia. Por los contactos que tenía y poder hablar inglés, les ayudé acá en los Estados Unidos en la parte técnica de comprar sonidos en vivo para la banda. Al final del día me comprometí con ellos y les dije que si necesitaban un pianista que me contactaran. Honestamente no pensaba que lo harían. Para mi sorpresa, me contactaron y me pidieron que me uniera a ellos como parte del grupo. Se podrán imaginar mis pensamientos iniciales ya que había dicho que nunca más regresaría a Colombia. Pero, nunca había dejado pasar una buena oportunidad y esa no sería la excepción. Acepté y a los dos meses de haber pasado por la mala experiencia del coliseo, viajé nuevamente a Medellín. Allí descubro un lado del país que no había visto. A pesar de la guerra del cartel de drogas que había en ese tiempo, la violencia, y los nervios de mi mamá, a mis 24 años decido mudarme a Medellín en enero de 1987. Me fui como pianista. El único estadounidense entre todos los colombianos. Fue una de mis mejores experiencias. Me enamoré de ese país. Fue el primer país que conocí después de haber vivido toda mi vida con mis padres. Fue el país que marcó mi vida en la música y en lo personal. Hubo un antes y un después en mi vida establecido por Colombia. Por haberme atrevido a regresar y haber aprovechado la oportunidad que se presentó, pude conectar con lo que sería una de las mejores experiencias musicales de mi carrera.

En aquel momento no se escuchaba mucho la salsa en Medellín. En los chinchorros o bares, se escuchaba y se bailaba casi únicamente la música cumbia. La poca salsa que se lograba escuchar, no la bailaban. Trataba de conectar con esa música, pero no podía. Eran solo dos acordes y anhelaba algo más. Era como tener disponible la caja entera de crayones y solo usar 2 colores. Durante el tiempo que estuve viviendo allá, ese era el escenario que se repetía a diario. Me quedé con esa imagen grabada en la mente donde la salsa no dominaba y la poca que se escuchaba, no provocaba que la quisieran bailar. Finalmente, mi tiempo allá terminó y regresé a mi casa. Cuando regreso a Nueva York, Tito Nieves me llamó para trabajar en su primer disco, en la canción *Sonámbulo*. En ese momento me preguntaba: *¿cómo puedo lograr que aquellas personas en los chinchorros y bares de Medellín escuchen esta canción y quieran pararse a bailar?* Meditar en esa experiencia que viví en Medellín es lo que impulsó mi carrera como productor. Puedo decir con toda honestidad que haber pasado por esas vivencias hizo que quisiera convertirme en productor para lograr hacer una diferencia en la música. No viajé a Medellín a producir, viajé a tocar el piano; pero allí nació el productor.

UN ENCUENTRO CON EL DESTINO

Todavía hoy cuando busco los arreglos musicales para las canciones, pienso en el bailador de Medellín y cómo puedo provocar que se enamoren de la música y la quieran bailar. Creo que ese es uno de los secretos que me ayuda a producir mi música. Al final del día es pensar en los que la van a escuchar y tener la esperanza que la quieran bailar. Uno de los mejores tesoros que te llevará a querer hacer las cosas con pasión, es pensar en quién se beneficiará de lo que produces y haces. Si estás cantando, debes pensar en cómo tú quieres que la persona se sienta cuando escuche tu música. Si estás escribiendo, ¿qué tú quieres que la persona reciba o aprenda? Lo mismo aplica para cualquier cosa que estés realizando. Al enfocarte en las emociones de quienes verán, escucharán, o recibirán lo que ofreces, provocará que despierte en ti una pasión que hará la diferencia en todo lo que haces. Como había mencionado antes, este es un negocio para servir. Una mentalidad de servicio no es una mentalidad minimalista; es una mentalidad que te llevará constantemente a la excelencia. Cuando deseas servirles a otros, les quieres agradar. Por tanto, todo lo que haces desde la perspectiva del servicio, lo querrás hacer dando lo mejor de ti. El bailador siempre está en mi mente y ofrecerles lo mejor me produce mucha satisfacción. Nunca se trata de mí, siempre se tratará de ellos.

Nunca he utilizado una experiencia particular de mi vida para convertirla en una canción. No escribo de mí. Simplemente todo lo que he vivido de alguna manera se entrelaza con esas emociones y sensaciones que fueron parte de las experiencias y se convierten en notas musicales. La vida se trata de crear y seguir caminando. Cuando amas lo que haces, disfrutas y te diviertes al hacerlo. No necesito estar triste para escribir una canción de quebranto o para poder conectar con melodías melancólicas. Tampoco necesito estar alegre para crear un rumbón, solamente dejo fluir la creatividad y me disfruto la música. Lo demás llegará a su tiempo. Hubo muchos productores que me devolvían la música porque no la entendían o no les gustaba. Pero cuando decidí hacer lo que me apasionaba sin dejar que las influencias internas o externas me afectaran, comencé a caminar en mi propósito. En este negocio para tener éxito hay que aprender a no escuchar; a palabras necias, oídos sordos. Todo lo que necesitas ya está dentro de ti. Eso es la música: emociones. Por eso, cuando surgen oportunidades, necesitas decidirte o por el miedo, o por el riesgo. Ciertamente en la vida van a surgir eventos que no resulten como esperabas, pero son experiencias de vida que forman parte de tu trayectoria. Cada una de ellas son páginas en tu libro de vida.

LOS MEJORES DÍAS ESTÁN POR DELANTE

Para poder conquistar el futuro que desearías ver y enfocarte, es necesario soltar el pasado. Esto aplica a la vida en general, pero en especial a la música. No se puede progresar viviendo de glorias pasadas. Mucho de los éxitos que he tenido han

> No se puede progresar viviendo de glorias pasadas

llegado precisamente porque no me aferro a lo que ya hice. No vivo en el pasado. No me importa lo que logré hacer antes. A veces hay que ignorar el pasado y no descansar en las victorias que ya obtuviste. Ya tienes la evidencia que lo conquistaste, ahora te toca buscar la próxima victoria. Muchos artistas no logran avanzar en sus carreras no logran diversificarse, no atraen otros fanáticos y no capturan otros mercados, por querer permanecer en la zona de seguridad. Se quedan tanto tiempo cantando de la misma manera, con las mismas melodías y estilo, que no logran enamorar un fanático nuevo. No se toman el riesgo de innovar con los géneros que emergen o con ritmos que salen de lugares desconocidos para ellos. Prefieren quedarse como una oruga en lugar de evolucionar como mariposa. Recuerdo que la revista *Billboard Magazine*® lanzó una edición con un tributo para mí. En ese reportaje ellos resaltaron que tenía sobre 40 temas que estuvieron en la posición número uno de los *Billboards*®. Desconocía esto totalmente. Leila Cobo, una periodista colombiana, me lo confirmó y me aseguró que ellos llevaban una bitácora y que tenía como productor, la mayor cantidad de producciones en la posición número uno en aquel entonces. Puedo decirles con toda honestidad que no tenía presente ese detalle. Tampoco me sorprende porque es un efecto que se hace posible o que se logra cuando te olvidas del éxito de ayer y vives a la expectativa del éxito de mañana. Por más bueno que haya sido tu pasado, tu futuro puede ser aún mejor. Es por esto que de las cosas que más me definen es el deseo constante de innovar y buscar algo que nunca he hecho antes. Cuando pienso que mi música ha estado en bodas, divorcios, nacimientos, funerales, cumpleaños, quinceañeros, cuando se enamoran por primera vez y cuando les han roto el corazón; ha estado cuando van de camino en un viaje largo o cuando están limpiando la casa. Cada evento, cada lugar, ha requerido un sonido particular, una melodía que se pueda entrelazar con las emociones que esa persona pueda estar sintiendo en ese momento. Es por eso que vivir a la expectativa de lo próximo significa adelantarse a las necesidades emocionales de las personas que van a recurrir a la música como un refugio y servirles de acuerdo con su necesidad.

La expectativa debe ir de la mano con el poder y la capacidad de visualizar lo que quieres atraer. Es importante a la hora de crear, entender que a veces mantenerte en lo simple es más complicado pero puede resultar más gratificante que demostrar todo lo que puedes hacer. Como productor para poder crear música con un artista, es importante dejar afuera el ego. No se trata de quién puede tener más conocimiento, se trata de colaborar a favor del fanático y quienes realmente van a conectar con la música. Si cualquier artista con el que esté colaborando quiere cambiar una nota o un arreglo, me sujeto. He comprendido que Las notas son de Dios y todas fueron ya creadas. Esto es solo un alquiler o un arrendamiento que le hacemos. No soy dueño de nada. Simplemente las estoy tomando prestadas.

ESTOY CLARO QUE LAS NOTAS NO SON MÍAS, LE PERTENECEN AL UNIVERSO.

Es por eso, que se me hace fácil cambiarlas y hacer los arreglos, porque al final del día, no soy dueño de nada. Hay quienes sacan a Dios de su talento y confían en su propia inteligencia o capacidad. Como lo describe el Autor Dr. Wayne Dyer, el EGO es el resultado de *"Edge God Out,"* (remover a Dios por sus siglas en inglés). Parte de mi éxito ha sido que no tengo ego para esto. Si hubiese tenido algún tipo de orgullo con lo próximo que les relataré, inmediatamente se hubiese ido.

UNA SEGUNDA OPORTUNIDAD DE VIDA

El 14 de julio de 2008 fue determinante en mi vida y que explica mi manera de vivir cada día como si fuera el último. Tuve un aparatoso accidente de auto que era para haber perdido la vida. Ese día cambió mi vida para siempre. Soy fiel creyente que nada ocurre en nuestras vidas por casualidad. Semanas antes, había visitado una iglesia cristiana en Fort Lauderdale porque sentía un poco de ansiedad, sentía que algo me faltaba y anhela llenar ese vacío. Por esa razón visité una de las capillas de *Calvery*. Ya llevaba tiempo siguiéndolos por las redes sociales y en la televisión y siempre me llenaba de paz y positivismo. También lo hice para conocerme mejor y para conectar con mi propósito en la vida. Hay momentos que nos llegan a todos donde nos preguntamos el propósito nuestro en la tierra. Ya había conocido el éxito, había pegado canciones en la radio, para muchos lo tenía todo, pero aun así, había áreas de mi vida que necesitaba trabajar. Puedes estar rodeado de muchas personas y a la vez sentirte solo. Jamás me hubiese imaginado que ir a esa iglesia, nutrirme con libros y videos, realmente me estaban preparando para ese momento tan difícil.

Aún recuerdo el ruido de las sirenas, las ambulancias, helicópteros, policías, gente llorando, todo un caos a mi alrededor. Venía conduciendo mi auto en la ciudad de Miami, Florida alrededor de las 11:00 de la noche, cuando de repente recuerdo como una nube negra que venía hacia mí. No tengo muy presente los detalles exacto de los hechos, solo de pronto recuerdo el caos. Todo mi mundo se detuvo en ese momento. Recuerdo sentir como si estuviera manejando por un túnel y solamente lograba escuchaba palabras como: *"Dios mío, no"*, *"Dios mío, no"* que resonaban sin detenerse. No tenía conocimiento de lo que estaba pasando. Cuando logro abrir los ojos y caer en cuenta que estaba en un accidente, trataba de moverme y no podía.

Una dama iba manejando a exceso de velocidad cruzó un semáforo en rojo y comenzó a manejar en el carril contrario. Ella terminó invadiendo mi carril. En un instante, sin verla venir me impactó de frente. Mi vehículo quedó completamente destruido. Todos los que vieron en la condición que terminó el auto, no podían creer que aún estuviera vivo. Era para haber muerto y perdido la vida en ese momento. Desafortunadamente la dama que me impactó murió en el instante. No se me olvidan las voces de las personas que se detuvieron para ayudar, ya que del auto comenzó a salir humo y temían que explotara. Esas personas fueron ángeles que los pusieron en mi camino. Estaba tan aturdido, no sabía qué exactamente había pasado, no sabía qué o quién me había impactado. Le preguntaba a la gente que me estaba ayudando y solamente me decían que fue una señora que tenía dos niños en su auto. En ese momento dejé de pensar en mí y solamente podía pensar en ella y en esos dos niños. Las personas que me sacaron del auto me dijeron que los niños estaban gravemente heridos, pero que ella estaba muerta. Lamentablemente el rostro de ella había traspasado el volante. Trataba de entender todas las imágenes y sonidos que había experimentado pero todo era una confusión. En el momento del impacto fue como una gran explosión, recuerdo el sonido de los metales y recuerdo sentir haber entrado en un túnel color marrón, largo. Comencé a buscar el retrovisor que aún estaba colgando, porque quería ver como se veía la muerte. Honestamente creí haber muerto. Al final vi una luz en ese túnel e inmediatamente supe que esa luz no representaba la muerte. Fue un momento bien fuerte. Recuerdo que cuando me montaron en la ambulancia, tenía un dolor extremadamente fuerte y me dieron aspirina porque pensaban que el dolor de pecho que tenía, podía ser un infarto al corazón.

Resulté con una fractura en el esternón y temían que líquidos pudiesen filtrarse al corazón. Adicional, terminé con mi mano y muñeca derecha rota en varios lugares, al igual que tres dedos rotos. Repetidamente me hacía la misma pregunta una y otra vez: *"¿Qué propósito tendrá Dios con este accidente?"* Al día siguiente en la mañana, mientras estaba postrado en la cama del hospital, estaban reseñando el accidente en las noticias. Cuando veía las imágenes se me hacía tan difícil creer que ese accidente era el mío y cómo era posible que sobreviviera un accidente frontal de esa magnitud. Esto no pasó por casualidad, sentía que había un propósito en ese evento tan trágico. No fue algo que provoqué. Fue algo completamente inesperado. Iba manejando de regreso a mi casa saliendo del estudio de grabación. La dama, según los informes de la policía iba manejando ebria. Se encontró una botella de tequila en su auto. Había estado tomando, e iba manejando a 90 millas (145 kilómetros) por hora cuando causó ese evento tan triste donde perdió la vida instantáneamente ya que no llevaba puesto el cinturón. La policía me hizo unas pruebas para ver si estaba bajo la influencia del alcohol, pero salió en cero, porque no tomo. Adicional verificaron el récord de mi celular para ver si por casualidad había estado texteando porque nadie lograba entender cómo pasó ese accidente tan trágico.

Las lesiones más fuertes las sufrí precisamente en mi mano derecha. En ese momento, no había garantía de volver a cobrar la movilidad que necesitaba para seguir tocando el piano. No tenía la seguridad de poder seguir realizando música como estaba acostumbrado. Tenía que comenzar una serie de cirugías, tratamientos y terapias que demandaban tiempo y estaba consciente de que sería un proceso largo. A causa del accidente terminé con placas y tornillos en la mano derecha. Recuerdo que cuando tenía la mano enyesada, mis dedos no tenían sensación. Tuve que esperar un tiempo en lo que bajaba la inflamación de la mano para poder someterme a la cirugía. Duré así por varias semanas. Vivía bajo la incertidumbre de no saber si volvería a ser el mismo. Tuve que aprender a escribir y a dominar las cosas con mi mano izquierda ya que mi mano dominante es la derecha. Tuve que aprender a hacer todo de nuevo. Eso no me detuvo, al contrario, me dio más confianza y determinación.

Esa experiencia me cambió la vida y me dio una nueva perspectiva. Para mí fue un comprobante que fuimos puestos en esta tierra con un propósito, y que necesitaba cumplir el mío. No tiene lógica cada vez que pienso en esa noche y recuerdo que ella me impactó de frente y ella perdió la vida mientras que yo logré sobrevivir. Esto me reafirma que fue un milagro, que Dios es real y que siempre ha cuidado de mí. En momentos como ese ves lo mejor y lo peor de la gente. Ves quién aparece, quién no aparece, a quién no le importó y las personas que al final del día realmente se preocupan por tu bienestar. Hubo personas con las que estaba colaborando en ese momento, que ni tan siquiera me llamaron, no enviaron mensajes, ni fueron capaces de buscar saber si tenía alguna necesidad. Incluso, el artista con el que estuve realizando el trabajo esa noche en el estudio de grabación, nunca me llamó ni tuvo un gesto de amabilidad conmigo. Hubo un par de personas que llegaron al hospital y mientras estaba convalenciente, en lugar de alentarme, se pusieron a debatir mil asuntos en mi habitación. No podía creer que mientras estaba ahí necesitando positivismo, ellos estaban debatiendo. Por otro lado, si fui bien sorprendido con personas como Ricardo Arjona, Marc Anthony y Jorge Luis Piloto que dijeron presente, entre otros. Eso me sorprendió y nunca lo olvidaré. En las buenas y en el éxito, todos dicen presente; pero en la necesidad y en el dolor, no todos desean estar a tu lado.

Ese día nací de nuevo y comencé a ver la vida de una manera muy distinta. Cuando tienes una segunda oportunidad de vida, tus prioridades cambian. Tú puedes tener en el baúl de tu auto un millón de dólares en efectivo, y eso no te salva la vida. Por eso, aunque el estrés y los días difíciles son parte de nuestra vida, ya nada es lo suficientemente grande como para que me quite la paz. Puedes decir que fue el destino o que fue Dios, pero ese día comprendí que había sido elegido para alcanzar cosas más grandes. Ahora, no importa la situación que llegue a mi vida, no me detengo. Me obligo a seguir caminando porque confío que todo obrará para bien. Sé que tengo un propósito. En el momento que todo esto ocurrió, tenía la mente positiva, estaba asistiendo a la iglesia y tenía fe que todo estaría bien. Había comprendido que mi paz viene de Dios y que él me ama. El tener una mentalidad optimista en cierta manera ayudó a que pudiera pasar ese proceso con una actitud de esperanza. Si hubiese sido una persona negativa o frustrada, los resultados no hubiesen sido los mismos. Nunca quedé del todo bien de la mano y en teoría nadie se explica, incluyéndome, como hoy por hoy puedo tocar con tanta habilidad el piano. En mis quehaceres cotidianos, es notable la lesión, pero cuando estoy tocando, cuando estoy sobre el escenario, algo mágico sucede. Mis manos fluyen como si no hubiese lesión alguna. Por lo tanto, no importa lo que suceda en la vida, el secreto es mantenerse positivo. El problema de muchas personas es que aún no saben para qué llegaron a esta vida y viven sin conocer su propósito.

Dentro de ese proceso de recuperación, hubo otro milagro de vida que ocurrió. Estaba divorciado para cuando el accidente ocurrió. Cuando mi exesposa y madre de mi princesa supo lo que me había ocurrido, no dudó un instante en ser la primera en llegar y estar a mi lado. Gracias a los cuidados de ella y a mi hija, comencé a recuperarme con su ayuda. Ese marco de tiempo nos acercó nuevamente y en medio de ese proceso de reconciliación y recuperación, ella queda embarazada. Tiempo seguido nace mi hijo. Este accidente no solo me dio una perspectiva de vida diferente y me trajo nuevas lecciones, sino que también me concedió la bendición de ser padre otra vez, ahora de un varón. Verlo a él es en cierta manera una de las respuestas a la pregunta que me hacía constantemente esa noche: *"¿qué propósito tendrá Dios con este accidente?"*. Mi familia es mi mayor tesoro en la vida y ellos jugaron el papel más importante en mi recuperación.

Una vez recuperado, volví a lo que me apasiona: a la música. Una de las primeras canciones que pude producir luego de esa experiencia fue *"Yo no sé mañana"* la cual interpretó el cantante Luis Enrique. Al principio no estaba del todo convencido de la canción, pero Luis creía en la letra y en la interpretación. Terminé lanzando el ego hacia el lado y la trabajamos. Fue una de las mejores canciones que hicimos juntos. Creo que esa canción resume a perfección que el mañana no está garantizado para nadie. Definitivamente la letra era resonante con lo que acababa de acontecer en mi vida. Todo lo que hoy es un éxito, tiene una gran historia detrás que muchos desconocen. Nunca habrá una temporada correcta para tomar un riesgo. Probablemente todo lo que llegue a ti va a requerir un esfuerzo. Hay que atreverse a descubrir cosas nuevas en cualquier momento, desde cualquier lugar, bajo cualquier condición y estar apercibido ya que tal vez, lo nuevo viene disfrazado de algo que nunca has conocido.

DISPUESTO A COSAS NUEVAS

Ejemplos como esos hay muchos que pudiera compartir con ustedes. No sabemos de antemano las situaciones que van a llegar a nuestras vidas. Por ejemplo, nadie se esperaba el escenario de vida que nos tocó a todos enfrentar durante el tiempo de la pandemia. Había comprado una casa en Nueva Jersey con un terreno espectacular, con la expectativa de poder disfrutarla con mi familia y seres queridos en el mes de febrero 2020. Unos meses más tarde comienza el encierro y el famoso "lockdown" debido al Covid-19. Es un lugar bastante solitario y retirado y repentinamente me tocó estar solo. Durante la recomendación del gobierno y del Departamento de Salud de permanecer en sus hogares, no tuve a nadie allí conmigo. Mis hijos estaban con su madre en otro estado, mis padres en Nueva York y estaba en mi casa nueva solito con mi música y el internet. No sabía cocinar y por ser tan distante, ni las compañías de entrega de comida llegaban hasta allá, así que me tocó buscar videos en YouTube™ para aprender a cocinar y hacer recetas. Les confieso que cuando más cosas nuevas aprendí, fue en esos meses de encierro. Pude leer más, escuchar personas nuevas, y descubrir cosas que desconocía estaban disponibles a través del internet. Uno no se las sabe todas y aún dominando ciertos temas o habilidades, siempre hay espacio para aprender y crecer. El internet se convirtió en el mejor amigo del ser humano. A través de video llamadas y redes sociales era eran los únicos medios para poder compartir. Fue como pude sobrevivir esa etapa. Recordé unas palabras muy sabías que dicen: *"El hombre envejece cuando deja de aprender."* Así que me tocó como a muchas personas, reinventarme en muchas áreas de mi vida.

La música se convirtió en una terapia durante esa temporada tan fuerte. Muchos artistas perdieron plataformas, conciertos, espectáculos y compromisos agendados, pero no se dejó de producir. Los conciertos virtuales fueron de mucho aliento en momentos que como humanidad estuvimos tan separados. Durante ese periodo de la pandemia estaba trabajando en una canción para Daddy Yankee y Marc Anthony. Tuve que buscar en las redes videos tutoriales de como mezclar música en ciertos programas caseros que tenía, para no detener los proyectos a pesar de las limitaciones. Me impresionó la disponibilidad de material que existe cuando lo buscas en el internet. No hay razón alguna por lo cual uno detenerse. Si hay disposición para aprender, hay posibilidades para crecer. No hay edades para el aprendizaje. Se aprende todos los días de diversas maneras. Así que, desde mi casa en plena pandemia, utilizando los recursos de la tecnología, pude terminar de producir la famosa fusión de Daddy Yankee con Marc Anthony: *"De Vuelta Pa' La Vuelta."* La canción fue todo un éxito. Esa producción se hizo básicamente a puerta cerrada y buscando maneras como alrededor de la situación tan limitante. Cuando piensas que lo sabes todo, ahí es que debes sentir el temor de morir y fracasar. Muchos artistas y profesionales se vuelven irrelevantes en su profesión o en su carrera precisamente porque dejan de aprender. No están dispuestos a diversificarse. La gente rechaza lo que no conoce. Cuando les llega el reto de intentar algo nuevo, ya sea fusión de géneros, estilos, letras, o algo que simplemente no dominan o conocen, prefieren permanecer en la zona de comodidad y de lo que ya conocen, que avanzar a una posibilidad exitosa. Permanecen estancados en un mismo lugar. Para continuar creciendo y aprendiendo tienes que soltar la vergüenza. El ego los mata y los detiene. Ese temor a la crítica o sentir vergüenza por hacer algo que nunca han hecho ha provocado que muchas personas permanezcan estancadas en el mismo lugar. Hay que aprender a desarrollar los cinco sentidos.

AFINANDO EL OÍDO

El arte de lo que hago con relación a la música no es nada complicado, no requiere una fórmula mágica. Se trata de reconocer que todo produce una melodía y todo puede combinarse para lograr producir un sonido que le agrade a quien finalmente lo va a escuchar. En la música, una ventaja para desarrollar cosas nuevas es entender que todo es melodía y que de todo se puede hallar inspiración. Un pajarillo cantando es melodía, la lluvia cuando cae es melodía, aún un libro que cae al suelo produce melodía. Estamos rodeados de sonidos, simplemente es cuestión de entrenar nuestro oído a reconocer hasta los pequeños detalles. Por ejemplo, recientemente estaba en el apartamento de unas amistades y usaron el microondas. Al finalizar los minutos hizo cuatro sonidos. Fui al piano y le dije a ellos que lo pusieran otra vez. Ellos volvieron a poner el microondas y me enfoqué en los cuatro sonidos que se escuchaban cuando el tiempo programado terminaba. Traduje esos cuatro sonidos en cuatro notas musicales. Ellos estaban asombrados. Fue un ejercicio sencillo y parecerá hasta tonto, pero demuestra lo que siempre digo: estamos rodeados de sonidos y melodías. La gente no descubre sonidos nuevos o notas musicales diferentes, porque están estancados en lo que ya conocen. Recuerdo que hablaba con una persona que me decía, que en el mundo espiritual, muchas personas asumen que no han escuchado la voz de Dios y que Dios no les habla. Pero ella decía que no necesariamente era que no habían escuchado la voz de Dios, es que se han limitado a querer escucharla de una manera humana, así como escuchan a otra persona. Al no escucharla así, asumen que Dios no les ha hablado. Lo mismo sucede en la música. El oído es capaz de captar una diversidad de sonidos que para un músico es posible convertirlas en notas. Si únicamente acostumbran sus oídos a escuchar los sonidos tradicionales, cortan la creatividad que pudiese llevarlos a descubrir sonidos que puedan cambiar su manera de hacer música.

Muchas de mis inspiraciones musicales nacen dentro de otros sonidos y hasta de conversaciones. Cuando te predispones para eso, descubres que hay notas en todas partes. Siempre busco otros estilos de música de todos los países. He encontrado mucha inspiración en la música brasileña, la música africana y últimamente me encanta mucho la música de Nigeria. Si escuchas atentamente la música de Nigeria te darás cuenta de donde salió la música afrocubana que hoy conoces como la salsa. Las canciones que están saliendo hoy de Nigeria contienen la clave clásica que se escucha en la salsa. Lo que hacemos tiene raíces africanas. Los ritmos de tambores como el axé de Brasil y el ritmo de *candombe* de Uruguay también me inspira mucho y son muy visibles en la salsa. Descubrir cosas como estas es lo que reafirma que convertirme en productor fue la mejor decisión de mi vida.

Algo que puedo prever en la industria de la música y algo que será inevitable, es la integración de sonidos que van de la mano con la tecnología en vez de los instrumentos musicales tradicionales. Creo que a medida que avance la tecnología veremos menos músicos en vivo estilo banda, que podían llegar a 20-22 músicos, y verás más a un músico diestro en el piano tocando los metales y otros elementos con tan solo un teclado. Esto es lo que se espera sea más común con el pasar del tiempo. Pero, sea con una banda en vivo de 20 músicos o una mezcla del teclado, el buscar la inspiración correcta para producir buena música es lo que el público merece. Puedo hablarles sobre lo que veo venir a la industria de la música porque llevo 43 años sumergido en este mundo. Hay muchos que están hablando sobre la situación actual en la salsa, pero no han vivido su historia como este servidor. Si vamos a escuchar opiniones, hagámoslo de quienes tienen una trayectoria y han dejado una huella en ella.

MI HUELLA EN LA SALSA

He vivido la mejor y peor etapa de la salsa y de la música tropical. He estado presente en todas las transiciones. He visto artistas nuevos surgir, otros morir y otros extinguirse a causa de la inconsistencia y la falta de reinventarse. Mi historia en la salsa no nació ayer. Llevo 43 años de la mano de uno de los géneros tropicales más importantes de la música. Comencé mi carrera en el 1978. Mi primera experiencia musical fue con un grupo del barrio llamado *Conjunto Caché*. Este era el grupo del que les hablé durante el capítulo del "uno", cuando estaba en el tren con mi mamá. El grupo era de un bajista y un trompetista, David Conde y Allen Cox y duré algunos 4-5 meses tocando con ellos. David Conde era el hermano de Iván Palomita Conde. Iván era uno de los músicos de un grupo nuevo que estaba a punto de salir llamado *Conjunto Clásico* cantando Tito Nieves en el 1979. Iván me hizo el acercamiento para que hiciera una audición como pianista para ese grupo. Y lo hice. Inmediatamente me aceptaron y formé parte del *Conjunto Clásico* featuring Tito Nieves. Iván me sacó del grupo de su hermano para darme la oportunidad de estar como pianista con él. Así comenzó mi carrera, con el *Conjunto Clásico.* Mi experiencia fue bien fuerte estando en ese grupo. No todo fue bueno, y no todos los días eran fáciles, pero fue una gran escuela. Estuve con ellos casi un año y luego de una fuerte experiencia con ellos, me fui y regresé a la escuela para seguir estudiando. Es ahí donde encontré a ese maestro del que hablo en el capítulo del "Uno" que me cambió la vida y comienza mi carrera ya como músico. Esto fue para el 1980-1981.

UN GIRO INESPERADO

En el 1985, 2 años después de haberme graduado, decidí tomar un curso adicional de un año como ingeniero de sonido. Quería conocer todos los ámbitos de la música. Ese fue mi arranque al mundo que hoy amo. Fue entonces cuando Tito Puente me llamó para que formara parte de su banda como pianista, ya que la persona que estaba con él se había ido. No estaba seguro por cuánto tiempo sería, pero supe identificar una buena oportunidad. De mis primeras presentaciones con Tito fueron en el Panamerican Motor Inn., que quedaba justo al lado del Aeropuerto La Guardia en Nueva York. Los lunes eran noches de salsa y tocaba Tito Puente y su banda. Recuerdo que ese día el lugar estaba vacío. En un momento dado hubo tal vez 10 parejas bailando. De ahí el director musical tomó mi número y me dio la oportunidad de ir con ellos a México y fue entonces donde comencé a tocar con los grandes profesionales. Era el mejor momento del *Latin Jazz Ensamble*. Estaban en su pico visitando muchos países. Ese era el momento de echar el miedo hacia un lado y tomar el riesgo de comenzar una etapa diferente en mi vida. Y así lo hice. Tuve la oportunidad de viajar con ellos, conocer gente nueva y disfrutar esa etapa. Pero, en un día todo cambió.

El que era pianista de Tito Puente quería regresar y Tito prefirió escoger la experiencia con el pianista anterior, sobre la novedad que en ese momento yo representaba en adición a la lealtad que sentía con ese pianista. Así que después de todo eso, ¡Tito Puente me botó! No lo podía creer. No me esperaba esa decisión de parte de Tito, pero la respeté. Parecería una locura hoy, pero el haber pasado por eso, y haber sido despedido, abrió camino para una de las mejores oportunidades en mi vida que compartiré con ustedes en este mismo capítulo. Luego de eso continué trabajando con diferentes artistas de varios países latinoamericanos. Precisamente tengo una foto que recientemente me enviaron de mis comienzos como músico en Cali Colombia, el país que me cambió la vida, tocando con Ray Hernández. Esos fueron los primeros pasos que di ya como músico profesional dentro de la salsa.

Un dato curioso que me sucedió y que marcó un momento importante en mi vida fue cuando 6 años después que Tito Puente me botó, yo estaba trabajando para RMM™ y la disquera quería producir el disco número 100 de Tito Puente. A pesar de Johnny Pacheco ser el productor principal y yo el coproductor en el disco, la realidad es que terminé trabajando el disco solo. Al finalizar el trabajo, Tito Puente quiso hablar conmigo, se me acercó y me dijo: *"Mira Sergio, estoy consciente que tú hiciste el trabajo grueso y quien más trabajó en mi disco. Voy a remover el nombre de Pacheco como productor principal del disco y voy a colocar tu nombre. A Pacheco lo dejaré como coproductor."* Así comenzamos a trabajar juntos nuevamente. Ese disco salió con mi nombre. Todo lo hice para servir, porque era lo correcto. No estaba buscando nada para mí, solamente estaba haciendo lo que me gustaba. No me detuve de trabajar con él basado en lo que había sucedido en el pasado. Una de las cosas que más he aprendido es que nunca sabes en esta industria con quién terminarás colaborando.

CUANDO HACES LO CORRECTO, EL DESTINO SE ENCARGA DE RESALTAR TU TRABAJO Y TUS ESFUERZOS, COMO RESULTADO TE VERÁS AL LADO DE PERSONAS QUE JAMÁS IMAGINASTE.

En el transcurso de mi carrera he tenido la oportunidad de trabajar y colaborar con grandes artistas como Héctor Lavoe, Cheo Feliciano, Celia Cruz, Tito Puente, Tito Nieves, Ismael Miranda, Ismael Rivera, Pete El Conde, Ray Barreto, Willie Colón, Marvin Santiago, Marc Anthony, La India, Víctor Manuel, en fin, grandes salseros. En tiempos más cercanos también he colaborado con artistas del género pop y urbano. Admiro y respeto a muchos colaboradores desde músicos, cantantes, productores, etc., por diversas razones y puedo públicamente reconocerlos por sus talentos. Una de las personas pilares en la salsa lo fue precisamente Johnny Pacheco, por su talento en A&R (Artistas y Repertorios) y los artistas que firmó y unió. Él trajo a Celia Cruz, el juntó a Héctor Lavoe con Willie Colón. Él tenía un buen ojo y oído para la música tropical. Se convirtió en un mentor para mí como lo fueron Celia Cruz y Tito Puente. Pacheco, aunque era un hombre dominicano, me enseñó a ver el mundo como un todo. Él nunca vio la separación en la comunidad latina. Nunca se limitó a crear música sólo para su gente. Era un hombre con una mentalidad internacional. Me enseñó a sentir orgullo por mis raíces, pero también a hacer las cosas por todos los latinos. Él es un ejemplo de perseverancia y de no creer en las limitaciones.

NUEVOS TIEMPOS REQUIEREN NUEVOS ROLES

Trabajar y colaborar con personas como ellos siempre ha influenciado en mi rol como productor y músico. En el camino he desarrollado otras destrezas de las cuales ellos también han aprendido de mí. Aunque tengo el conocimiento de escribir música, no tiendo a hacerlo. Prefiero que la creatividad fluya. En las ocasiones que lo he hecho, casi siempre ha sido para explicar algo específico que quiero ver reflejado en una canción. Esto se puede dar en una sola ocasión en todo un disco. Hace poco estuve encerrado en el estudio con Marc Anthony y creamos 17 canciones en dos semanas. Todas de oído, sin música escrita solo bajo la inspiración del momento, con la banda sentada ahí y conectados a la melodía que estaba fluyendo. Cuando finalizamos, se me saltaron las lágrimas. Fueron 17 canciones en tan poco tiempo y todas esas melodías simplemente bajo pura inspiración. En ese momento sabía que la presión ahora pasaría a Marc; ahora era su turno de ir a cantar todo ese material. Pero, aunque ambos sentimos presión y pensamos que tenemos el peso de la industria en los hombros, fue un momento especial que nos unió y quedó demostrado que ya no se trata de hacer música por hacerla. Se trata de no olvidar lo que hace que la música siga viva.

Ese momento trajo a mi memoria una de las experiencias que viví al comienzo de la carrera de Marc en el inicio de su primer disco de *Otra Nota*. El hermano de Marc y su novia me hablaron de él en la barbería Shondell's en Nueva York. A penas Marc tenía 17 años y no tenía experiencia, pero de inmediato hicimos una conexión musical que ha perdurado hasta hoy. Cuando lo escuché cantar supe que era una estrella. Me propuse grabar su primera producción con un presupuesto de $30k, que era lo único que había. Esa producción era diferente y se escuchaba fenomenal. Sabía que sería un éxito por lo que era necesario hacer lo posible para terminarla. Cuando el dinero se había agotado, tuve que buscar la manera de ingeniármelas para terminarlo. Justo en esos días me contactó un grupo africano que estaba solicitando trabajar conmigo. Ellos necesitaban grabar 20 canciones en dos días. Tenía todos los contactos en la cuidad y de los estudios de grabación, así que llegué a un acuerdo con ellos e hicimos un intercambio. Cuando me preguntaron cuánto cobraría por ayudarlos, le pedí horas de estudio para mí, en vez de dinero. Me dieron 48 horas de tiempo de estudio a cambio de su trabajo. La semana siguiente Marc y yo teníamos el fin de semana para grabar todo el disco. No los propusimos y lo hicimos. Pudimos grabar su primer disco completo. Durante una tarde lluviosa, al llegar al estudio para mezclar el disco, tenía las cintas de dos pulgadas en unas cuatro cajas que eran pesadas. Era todo el disco de Marc en cintas, y no había otra copia. En Nueva York los estacionamientos son escasos, así que me acerqué lo más posible a la acera para que mi asistente se bajara y se llevara las cajas rápido para protegerlas de la lluvia. Mi asistente sin querer las dejó caer. Y ahí, bajo la lluvia, rodando por toda la 42 de Nueva York, las cintas comenzaron a desenvolverse. Sin dinero adicional y sin posibilidades de volver a grabar el disco, corrí a salvar las cintas. Se habían mojado y todo nuestro esfuerzo se vio amenazado. Tuvimos que dejarlas secar para poder probar si se habían dañado. Al otro día cuando puse las cintas, habían sobrevivido. Inmediatamente supe que era el principio de una carrera exitosa. Marc no supo de esa historia hasta hace un tiempo reciente y es cuando decidimos hacer la canción *Pa' ya Voy* cuya inspiración precisamente salió de una canción de ese grupo africano. Parte de lo que tuvimos que hacer en ese disco fue grabar nosotros mismos los coros y las voces, porque no había dinero para pagarle a nadie que lo hiciera. Le pagué a Marc $400 dólares durante ese disco, porque grabó sus propios coros. Él no estaba económicamente estable como lo está ahora por lo que es hermoso recordar esos inicios y ver hasta donde hemos sido capaces de llegar juntos. Estuve ahí cuando no tenía nada y creí en él cuando aún no era nadie. Hemos reído y hemos llorado. Hemos trabajado duro y hemos gozado. Muchos ven hoy sus logros, pero desconocen sus inicios. Asimismo he estado en los inicios de muchos artistas y he sido testigo de la desaparición de otros. Todo el mundo tiene una historia que contar y todo éxito ha requerido trabajar duro y tener conocimiento de todos los aspectos de la música.

Cuando comencé a dar mis pasos ya como productor, en un inicio, y trabajé con los primeros discos de Marc Anthony, La India, DLG, etc., lo hacía todo sólo. Yo era el arreglista, el ingeniero, el productor, en fin, lo hacía todo. Creaba la música y luego salía a buscar los músicos y el artista. En parte, ese estilo de haberlo hecho todo, de haber controlado todo, me ha dado la fuerza para poder permanecer por tantos años en la industria. No me limité a conocer una sola área de la industria.

Los éxitos que muchas personas conocen de mí hoy, la mayoría nacieron precisamente por mi historial de querer hacer las cosas diferentes y haberme expuesto a diferentes culturas y artistas. Desde los más conocidos, hasta los que llegaban todas las semanas a cantar y tocar en el Restaurante Golden Palace en Queens, Nueva York para el 1988 donde era pianista de la banda fija que tenían allí. Así fue como nació mi colaboración con La India. Estaba trabajando en una producción llamada *Combinación Perfecta* de RMM™ y este disco juntaba a todos los grandes nombres de la salsa. Para ese disco le recomendé a Ralph añadir un toque juvenil. Él me dio riendas sueltas para hacer lo que entendía era correcto para el disco y fue entonces cuando recordé un vals peruano que acompañé a Basilio tocar: *Vivir Lo Nuestro*. Contacté a Marc Anthony y lo quería unir con La India, pero ella no quería trabajar conmigo porque decía que yo era "muy comercial" y deseaba cantar la salsa pesada estilo Fania. Ralph prácticamente la obligó. Cuando les mostré la canción, no la entendían. No lograban salir del concepto de vals que estaban escuchando. Fui al estudio e hice los arreglos y la transformé en una salsa. Ya bajo el estilo que ambos conocían, entendieron el concepto y acordamos hacer la colaboración. Esa canción no la grabaron juntos. La grabaron cada cual por separado. Cuando le tocó el turno a La India estaba un poco nerviosa. Entré a la cabina de grabación con ella. Quería dirigirla y que se sintiera cómoda. Ella se sorprendió porque nadie había hecho eso con ella. Cuando finalizamos ella estaba sorprendida y llamó a Ralph y le dijo que quería trabajar conmigo. Después de eso fue que creamos el disco de: *"Ese Hombre"* uno de los discos más conocidos de ella. La reacción inicial de La India no me sorprendió pues mi estilo siempre ha sido diferente, pero la realidad es que me confirma que si la salsa no se fusiona, muere.

Precisamente esas fusiones se han convertido en sorpresas inesperadas que terminaron en éxitos. Amo unir cosas que no parecen tener lógica. Así lo hice cuando fusioné el reggae con la salsa en el caso de DLG que les mencioné. Nadie se lo esperaba. Fusioné personas desconocidas en la industria como James, mi barbero con Tito Nieves para la canción *"You bring me joy"* y cuando firmé a Prince Royce fusioné el mariachi con la bachata en la canción *"Incondicional"* la cual fue bien aceptada en todo Latinoamérica. He hecho colaboraciones inesperadas como Thalía y Maluma en su canción *"Desde Esa Noche,"* *"Mi Primer Millón"* de Bacilos, y *"Te Extraño"* versión bachata con el Grupo Extreme, entre tantas que puedo mencionar. Pude producir a Daddy Yankee con Marc Anthony en *"De Vuelta Pa' La Vuelta"* una fusión de salsa con reguetón, al igual que a Marc con Maluma en *"Felices Los Cuatro".* Las fusiones no han sido solo para producciones discográficas, también las hago para diversos programas y premios como lo fue para uno de los *Premios Lo Nuestro* cuando hice una colaboración con Anita, Farruko, Pepe Aguilar y Prince Royce con un medley de salsa. Para el 2018, en una apertura de los *Premios Juventud*, colaboramos Laura Pausini, Pepe Aguilar, Johnny Ventura, Millie Quesada, Daddy Yankee, Pitbull, Víctor Manuel, Bad Bunny y este servidor. Han sido tantos artistas, tantas canciones que mencionarlos a todos tomaría un capítulo entero. Estoy muy abierto a trabajar con quienes estén dispuestos a tomarse el riesgo sin importarle lo que la gente piense. Algunos me han llamado loco y otros me dicen genio, pero la realidad es que para mantener viva la salsa hay que fusionarla con otros sonidos sin pedir perdón.

UN MARATÓN Y NO UNA CARRERA CORTA

Le doy gracias a Dios por el todo el proceso que me ha llevado hasta donde estoy hoy. Me tomó casi 10 años lograr un hit en la radio y 15 años en recibir mi nominación para el Grammy. Esto no significa que lo estaba haciendo mal, al contrario, fue el tiempo donde todo lo que trabajaba terminaba en un éxito: *Vivir Lo Nuestro* con Marc Anthony y la India, Orquesta La Luz, etc., los puedo nombrar todos. Pero no fue hasta el 2003 con el disco de *Regalo Del Alma* de Celia Cruz que logré ser el más nominado en esos Grammy Latino. Y fue precisamente eso, un regalo que ella me dejó en el año que murió. Ahora bien, el haberme tardado en llegar a esa nominación y obtener ese logro siento que me enseñó la perseverancia. Esto no se trata de llegar rápido, se trata de permanecer y evolucionar. Esto es un negocio de resistencia y persistencia. Es un maratón y no una carrera de cien metros. El éxito es permanecer y ser relevante, aunque pasen 20 años y así tener una carrera duradera. Por eso mi consejo a los artistas actuales es que no importa el género, se tomen su tiempo. No se enfoquen en sacar una canción nueva cada dos semanas, eso es insostenible y se queman. Ocúpense de sacar su música, pero de calidad, el fan se merece eso. En el mercado latino hace falta más música de calidad y menos repetición. Actualmente todo suena igual, todo se parece, pero hay menos musicalidad.

Hace falta que vuelvan a enamorarse de la música. El problema es que cada vez hay más productores que no han estudiado música clásica, ni el jazz, ni nada. Entonces vemos a muchos artistas que pueden dar mucho más, pero no tienen un productor que tenga una buena estructura armónica. Estos productores no se han sentado en un piano y están limitados a los sonidos y acordes que encuentran en los *loops* y en los *plug ins* (programas digitales de música). Muchos productores se están copiando de los sonidos que otros han usado. El productor que tiene una base armónica pobre no puede dar más. Y eso limita a los artistas con los que trabajan. Esa es una de las razones por las cuales me mantengo aprendiendo cosas nuevas y diversificándome. No me quedo bajo una sola mentalidad. Mi rol va más allá de un arreglo musical. Ya el trabajo de hacer música pasó a un segundo plano. Esto se trata de ser un equipo con el artista y lograr sacar lo mejor de ellos. A veces me siento como un psicólogo que hace música. Hay que tener consciencia de cómo se siente el ser humano, de cómo se siente el artista y la música debe girar alrededor de esas emociones. Me aseguro de que mis artistas se sientan cómodos con lo que van a cantar y me fijo en sus emociones y en la presión de lo que van a entregar.

Ahora estoy en espera de ver un giro en este género que amo tanto. Estoy esperando un resurgimiento. La comunidad latina en Nueva York era una familia cuando la salsa estaba en su pico. Por eso, a pesar de que no existían las redes sociales, y no había tantos medios para publicar los eventos, como quiera se lograba llenar el Madison Square Garden en un concierto de Héctor Lavoe y la Fania. Para esos tiempos dependíamos 100% de los medios tradicionales de promoción. Eso lo lográbamos porque éramos un pueblo unido. Por eso es que cuando hago música, la hago pensando en todas las comunidades latinas. Es tiempo de revivir la salsa y de volver a lo básico y a los inicios. Soy puertorriqueño, y orgulloso de serlo, pero mi música es internacional. Pienso en todas las personas que disfrutan la música latina. Estuve presente en los mejores momentos de la salsa y en su momento de decadencia. Puedo reconocer quienes dejaron huellas imborrables en ella y quienes han jugado un papel protagónico en su camino a la extinción. Es por esto que puedo hablar con base y fundamento de todas las transiciones por las que ha pasado la salsa. Comencé como músico, luego como productor y ahora siento que soy más mentor y motivador. Estamos esperando el que se va a levantar a darle vida a un reino que ha muerto. El estado actual de la salsa no fue por una muerte repentina, la fueron matando poco a poco y ahora me atreveré hablar lo que muchos por cobardía no lo han hecho.

MATARON LA SALSA

Recientemente estuve en Cap Cana, República Dominicana durante los *Premios Heat* 2021, y quise hacer una entrevista con el comunicador puertorriqueño Molusco, porque él sabe y comprende el estado actual de la salsa en comparación con el crecimiento de la música urbana. Conversábamos acerca de la situación lamentable que se vive hoy donde no hay salseros. Solo existen de dos a tres artistas lanzando música de salsa que los he visto trabajando duro y los respeto. Reconozco la gran labor que artistas como Marc Anthony, Víctor Manuelle y Gilberto Santa Rosa han realizado muy bien. La realidad es que Marc es el principal salsero que ha permanecido creando constantemente discos. Fuera aparte de ellos, ¿quién queda?

LA MÚSICA DEL ESTILO SALSA FUE ASESINADA, Y SUS ASESINOS FUERON LOS MISMOS SALSEROS.

Claro está, aquí hay una combinación de factores. El nombre como tal de la "salsa" es un concepto más comercial que otra cosa. Realmente este género musical se compone de muchos sonidos, estilos, y fusiones. Siempre ha existido el debate de dónde realmente nació. Pero ese no es el punto. La salsa siempre tuvo una cabeza en el mando. Los grandes productores, las casas disqueras desde *Alegre Records™, RMM™, Sony™, Fania Records™,* etc., eran quienes corrían básicamente el negocio. Cuando estos gigantes dejaron de existir, o se retiraron, todo se vio impactado. El artista nunca era el responsable de mercadearse y venderse a sí mismo. A ellos les tocaba solamente ser artistas. A medida que esas grandes cabezas se fueron desapareciendo y les tocó a ellos, a los artistas, cada cual hacer todo el trabajo y no lo lograron. Así que al quedarse solos y no tener una visión global del negocio, más en adición no se apoyaban entre ellos concentrándose en ellos mismos y en el dinero, la mayoría fracasaron. Me he encontrado con algunos de los artistas de aquellos tiempos y no saben nada del mundo del mercadeo actual, nada. Su trabajo era simplemente pagar el dinero del disco y esperar que le entregaran el producto final. Es importante que entiendan que para esos tiempos que menciono, una persona decidía prácticamente el futuro del artista, y encima de eso, el artista no tomaba la iniciativa de involucrarse. Era una combinación destinada a fracasar. Para esos tiempos no existían las plataformas digitales que tienen los artistas actuales como *YouTube™, Spotify™, Apple Music™,* etc. Era a puro pulmón. Lamentablemente no hubo nadie que dejaran un esquema probado para servirles de ejemplo.

UN ESQUEMA PROBADO

En el mundo de la música urbana, Daddy Yankee tuvo mucho que ver con el plano que se creó para manejar bien el negocio. En aquellos tiempos cuando Yankee era estaba en su punto más fuerte procuró dejar un esquema hecho de cómo manejar el negocio. Los artistas urbanos que surgieron después de él lo han seguido y les ha dado resultado. Creo que este esquema que Daddy Yankee logró hacer como artista realizando prácticamente todo solo, muestra que él es otro bestia en la industria. El dejó un camino trazado para que otros artistas lograran hacerlo. Eso no funcionaba en la salsa. Los salseros a veces ni sabían lo que les pagaban. Eso lo manejaba la disquera, el productor o el gerente/manager/director, solo les daban el dinero y ya. Nadie sabía si realmente lo que le pagaron, era la cantidad correcta. Ellos no eran negociantes. Ellos solo se ocupaban de llegar, cantar, y montar el espectáculo.

La salsa debería estar ahora mismo donde está el reguetón. No está así por culpa de los mismos salseros. No hay excusa para que la salsa no esté sonando a nivel mundial. Contrario a la música urbana, hay escuelas de salsa en todo el mundo que se dedican a enseñar como bailar nuestra música, a pesar de que es un género que aparenta estar desapareciendo. Los grandes exponentes de la salsa no se apoyaban entre ellos. Eran artistas solitarios. Ellos se enfocaron tanto en competir entre ellos y perdieron tanto tiempo en necedades, que dañaron la industria de la salsa. Era tan ridícula la competencia que llegaban a los niveles de no querer cantar uno antes o después del otro. Hoy es demasiado tarde y la mayoría de esos gigantes ya no existen. Muchos de ellos se enfocaron tanto en el dinero que querían conseguir en vez de apoyar a otros en la industria. Especialmente descuidaron el ayudar y aconsejar a jóvenes que deseaban entrar en la música salsa para convertirse en los futuros representantes del género.

UNA MENTALIDAD DISTORSIONADA

Los reguetoneros probaron ser más astutos incluso en cuidar su imagen que muchos salseros. Muchos decían que ellos tenían poca educación pero siempre dije que eran y son más sabios en la astucia que se necesita para ser exitoso en esta industria. Han mostrado tener mejor palabra que muchos de aquellos gigantes de la salsa. Los artistas del género urbano se han apoderado del negocio, y no necesariamente por la música, sino por su forma de pensar y de hacer crecer el negocio. Ellos se cuidan entre ellos. Los artistas urbanos descubrieron que parte del éxito es enamorar al seguidor desde un inicio. Han utilizado esta era de tecnología a su favor. Utilizan las redes sociales y el internet para alcanzar el corazón de sus seguidores, para enamorarlos de las canciones que ni siquiera han salido. Pero por encima de todo, se apoyan. Existe mucha camaradería entre ellos a pesar de lo que muchos de afuera pueden pensar.

Es por esto que tengo resentimiento contra los que fueron grandes en la salsa. La realidad es que los exponentes fueron los que jodieron el género. Muchas personas me han dicho que desearían que el concepto de *Salsa Giants* volviera. Eso fue un concepto que creamos mi ex socio de *Top Stop Music*™ Gregory Elías y yo. La realidad es que eso no va a suceder. Casi todos los artistas de los *Salsa Giants* se fueron, persiguieron sus propios intereses e incluso muchos con los que inicié ese proyecto se fueron para un concepto similar. Tomaron la inversión que se hizo y se fueron. El único que permaneció fue Oscar de León por la fidelidad de su ex gerente/manager/director, el fenecido Osvaldo Ponte. A estas alturas ya no tiene el mismo impacto que canten juntos. Cuando tenían que hacerlo era cuando estaban en su mejor momento, cuando tenían las influencias, y podían hacer la diferencia en aquellos artistas que deseaban darle continuidad al género. Los salseros nunca salieron de una mentalidad pobre. Vivían con delirios de persecución todo el tiempo pensando que siempre alguien quería hacerles daño, y no progresaban. Muchos de estos salseros no lograban salir de ese estado mental. Los salseros se mantuvieron con una mentalidad pequeña y limitada y los urbanos siempre han pensado en grande. No se limitan. Esa es una de las mayores diferencias entre estos dos mundos.

NUNCA EXISTIÓ UN MENTOR

Otra área que afectó el género mencionado en muchas ocasiones y lo seguiré repitiendo, es el hecho de que estos grandes salseros no quisieron ayudar a quienes deseaban comenzar en la música. No ayudaron al pequeño. Era una actitud egoísta donde no quiero que tu llegues más lejos que yo. Eso es algo que todavía hoy me asombra. Hay que ver que, en la música urbana lanzan una canción hoy y ya mañana hay un featuring o una colaboración con otro artista del mismo género. Eso no se veía entre los salseros. La realidad es que la salsa ha muerto. Ya no se vive la cultura, ya no se escucha la música en las calles como antes, ni se llenan locales de bailes como se solía ver. Pero, esto no significa que no exista una posibilidad que el género vuelva a cobrar relevancia. La muerte de la salsa como estilo musical no provino de un ataque externo. No es un misterio sin resolver. La muerte vino de adentro. Ahora bien, hay una resurrección que va a suceder. Habrá un resurgir y el redentor será a través de los mismos artistas que los salseros menospreciaron y pensaban eran más pequeños que ellos. Para que pueda nacer el fruto, hay que hacer morir la semilla. Hay muchos que

Para que pueda nacer el fruto, hay que hacer morir la semilla

cuando surja un nuevo estilo de hacer salsa, en público lo van a aceptar y puede que hasta se atrevan hacer un "featuring" o una colaboración; pero van a haber muchos que en privado lo van a estar criticando desde el momento que surja. Creo que aquí van a estar divididas las opiniones.

NO SE TRATA DE NOSTALGIA

A veces recibo mensajes de personas que se alegran porque en una actividad donde se unieron cuatro o cinco salseros viejos para dar un espectáculo, llegan mil o dos mil personas y dicen: *"¡Wow, la salsa no está muerta!"* ... y me río y digo: *"mano esta gente está loca"*. Se sorprenden porque se logran reunir mil o dos mil personas en una actividad meramente nostálgica. Ó sea, se llena de personas que siempre han sido fans de la salsa y que quieren a través de esos artistas, recordar viejos tiempos. No lo llenan de fanáticos nuevos. Mientras que, por otro lado, tienes a una Karol G, artista urbana colombiana que solita hace un concierto en el *Choliseo* en Puerto Rico, y en minutos logra llenar varias funciones a capacidad. Tienes a un Bad Bunny, otro artista urbano que hizo historia en Puerto Rico. En dos días reunió a más de 70,000 personas. ¿Entonces de qué estamos hablando? Con esos resultados, ¿quién verdaderamente está pegao? Una colombiana que logra llenar una de las sedes más importante de la Isla y un reguetonero lograron ese reto y los mismos salseros puertorriqueños nunca lograron hacerlo solitos. Para llenarlo se tienen que unir a otros salseros. No es nostalgia lo que están vendiendo los urbanos. Ellos están llenando los lugares más importantes en Puerto Rico y en Estados Unidos y lo están haciendo con música nueva, no con música vieja y cantando solos. Lo quieran aceptar o no, ya esos artistas de la vieja escuela se están tornando irrelevantes. Y en estas llevamos años.

Los nuevos artistas que están surgiendo tienen como mentores y héroes a los urbanos. Hace falta buena música tropical con una mentalidad actualizada a estos tiempos y bajo el esquema que está creado por los urbanos para darle una segunda vuelta a la salsa. Honestamente extraño la época donde la salsa estaba sonando como ritmo principal en la radio. Había discotecas por todo Nueva York y había trabajo los siete días de la semana. En ese momento jamás hubiésemos pensado que esos tiempos cesarían. Creo que estamos en el mejor momento para hacerla revivir. Los tiempos cambian, la vida evoluciona, lo que hoy está en alta demanda, mañana no necesariamente lo estará. No es momento de quejarse. Es momento de mirar hacia el futuro, abrazar los cambios y apoyar lo nuevo. Hay una nueva generación que hay que salir a conquistar.

Soy el primero en creer que todavía hay mucho terreno que recorrer en la salsa, pero tiene que ser de la mano de los artistas correctos. Estamos en espera que la salsa vuelva a sonar como un género dominante en la industria de la música. Para poder decir que la salsa ha vuelto a vivir, los medios musicales tienen que gritarlo primero. Esa vida debe verse reflejada no solo en la radio tradicional, sino también en *Spotify™, YouTube™, Apple Music™*; los canales comerciales digitales donde actualmente la gente busca lo que está más caliente y popular. Tiene que reflejarse en los medios sociales, en los conciertos y cuando logren llenar espectáculos con un artista o tal vez con dos, y no se requieran siete para llenar el lugar. Hay muchas áreas que tienen que verse impactadas para poder decir que la salsa está viva. Por eso es que, como mencioné anteriormente, el esquema correcto de cómo manejar el negocio a nivel del artista, fuera de las "cabezas" que dirigían el negocio de la salsa, lo dejó estampado Daddy Yankee en el mundo de los urbanos. Tenlo por seguro que el sonido nuevo de la salsa no va a tener nada que ver con lo que se ha hecho en el pasado. La nueva cara no se parecerá a lo que hemos visto hasta ahora. Esta salsa atraerá a un fanático nuevo y este nuevo

diseño requerirá una nueva manera de mercadear la cultura de
la música salsa.

ESPERANDO LA PRÓXIMA LEYENDA

l día antes de empezar a grabar la producción más reciente de Marc Anthony durante el pasado año 2021, meditaba sobre la gran responsabilidad que estaba en nuestros hombros. Estaba manejando y comencé a sentir una gran presión y hasta un poco de miedo al realizar el impacto de lo que nosotros hacemos. A veces uno hace las cosas tan automáticas que no mide el peso y el impacto de lo que hacemos y de su alcance. Es algo tan poderoso y nunca había caído en cuenta como ahora, lo que nuestras decisiones en la música representan. Uno siente la responsabilidad de un género entero mundialmente, con sus ojos puestos en nosotros y esperando a ver "qué traerán estos tipos". Ellos tienen su mirada puesta en nosotros, refiriéndome a Marc y a mí, reconociendo que actualmente, nosotros somos el género. Ese gran peso lo estamos cargando nosotros.

No hay forma de esconder o disimular que la salsa ha muerto y en el capítulo de *mataron la salsa* explico varias de las razones y detalles de esa muerte. Aun así, hay todo un pueblo salsero a la expectativa del próximo Marc Anthony, de la próxima Celia Cruz, de la próxima leyenda. El problema es que la persona que puede salvar este género y evitar que pueda desaparecer, no se encuentra actualmente cantando la salsa. Hay una generación entera que no conoce la historia de la salsa y mucho menos los artistas que sostuvieron el género. Llevan 10-15-20 años escuchando de manera sólida el género urbano. Hay muchas personas que solamente conocen eso. Por lo tanto, si hay una persona que puede evitar que el género de la salsa desaparezca por completo, es en definitiva un artista urbano. Ese es el artista que puede cambiar la historia actual de la salsa. Muchos artistas actuales que pudiesen incursionar en la salsa, no lo han hecho porque aún se comparan con los artistas que fueron columnas del género. Piensan que como no cantan como las leyendas o no tienen el estilo de las leyendas, no vale la pena hacerlo para luego caer en lo ridículo. No hace falta un clon de las leyendas pasadas. Hace falta un artista que esté dispuesto a utilizar su unicidad, eso que lo hace único y diferente y logre llevar la salsa a un nivel de donde nunca debió haber caído. Eso fue lo que hizo que Marc Anthony tuviese el éxito que tiene. Marc tiene un estilo único dentro del género de la salsa. No se comparaba con ningún otro salsero de la época. Marc tenía el "swing" de salsa pesá, pero no era sonero tradicional. A la misma vez cuando cantaba bajo su estilo pop, lograba y sigue logrando traer mucho sentimiento. Su voz era y sigue siendo única en el género. La próxima leyenda de la salsa será igual; no se parecerá a ninguno, pero puede llegar lejos y cambiar la historia de la salsa. La clave para este artista es estar en el estado mental correcto y tener la disposición de tomar riesgos.

EL PODER DE LA AFIRMACIÓN

La mente es poderosa y los pensamientos traicioneros. Muchas veces tus propios pensamientos pondrán límites a lo que pudieras alcanzar. Si piensas en pequeño, los resultados que verás serán pequeños. Si piensas en grande, así mismo serán tus resultados. Tú decides cuáles son tus límites. La actitud y el ánimo lo determinan todo. Mantener una mente positiva y enfocada te llevarán a alcanzar tus metas. Pero, tienes que creerlo, visualizarlo, hablarlo, y conducir toda tu vida como que ya es un hecho. El poder de la visualización puede cambiarte la vida. No hay nada más poderoso que una persona con una misión clara. No hay que reinventar la rueda, ya todo fue creado. Para salir hacia adelante en esta industria y en la vida hace falta tener presente unos elementos básicos y que la próxima leyenda lo tendrá en claro:

Confía en ti y créetelo. Vendrán muchas personas a querer influenciarte, desmotivarte, compararte y sugerirte el tipo de artista o persona que debes ser. No dejes que te encajonen, ten presente que tu fan #1 eres tú mismo.

Cierra tus oídos y dedícate a crear. Las personas más exitosas en esta industria y que han perdurado en ella son aquellas que no les han dado importancia a que otros los entiendan y se han atrevido a tomar riesgos. Recuerda que cada riesgo es una oportunidad.

No es la cantidad, es la calidad. Concéntrate en crear música de calidad y no necesariamente lanzar una canción semanal. El fan se lo merece. Y si no eres artista, concéntrate en dar siempre la mejor versión de ti en lo que sea que hagas.

Mantente siempre positivo. Recuerda que no puedes depender de la motivación externa. La motivación externa no está garantizada. Todo lo que necesitas ya está dentro de ti.

Recuerda la importancia de quién camina a tu lado. No olvides tener mentores, soñadores y la gente correcta a tu lado. Una persona te puede llevar al éxito y una persona te puede llevar al fracaso.

Uno de los mejores ejemplos que te puedo dar de esto es el de Jennifer López. Una de las cualidades que más me impresionó y me encantó de Jennifer fue su actitud. Desde el momento que la conocí ella estaba clara que sería una gran estrella. Nadie la conocía tanto para ese entonces. Ella llegó a mi estudio caminando con toda la confianza del mundo, como dirían en Puerto Rico: *"con un piquete o con un flow"*. Lo más que resaltaba en ella, era su seguridad. Recuerdo que le dije: *"Wow, pareces una estrella"* y ella me contestó: *"¡ya soy una estrella!"*. Aprendí mucho de ella. Llegó con una meta clara de lo que quería hacer y salió a conquistarlo trabajando duro y sin distracciones. Ella supo de mí a través de mi música con Marc Anthony porque era fan. Jennifer siempre ha tenido claro lo que desea lograr en la vida y no ha depositado todos sus talentos en una sola área. Ella un día puede cantar, otro bailar, puede actuar para una audición de película o puede decidir emprender en los negocios. En fin, ella es un vivo ejemplo del poder de la visualización y de mantenerte claro en quién eres. Si ella se logra ver conquistando algo, lo hace. Nada la detiene. Me gané su respeto y ella el mío. Este concepto de la visualización es muy importante en esta industria y lo será para quien llegue a revivir el género de la salsa.

ÉXITO A FUEGO LENTO

No me queda ninguna duda que la salsa volverá a resurgir bajo un concepto nuevo, y puede ser que nacerá desde Puerto Rico. Ya ese artista está. Lo que sucede es que tiene que venir de la mano con el atrevimiento de hacer cosas nuevas y diferentes. Me preocupa mucho la cantidad de músicos y cantantes actuales buscando fama instantánea, que hacen más alboroto, que música. Mi llamado no es sólo a los artistas es también para aquellos que son productores o que piensan serlo. Estos productores tienen que ponerse como meta salir del mundo de uno o dos acordes y comenzar a crear buena música. El público se cansa rápido y el fanático de hoy es demandante y aunque las redes sociales han logrado difundir la música a todas partes del mundo, aún hay muchos lugares que no están actualizados con la música corriente y continúan escuchando una versión pasada de moda de la música; en especial la salsa.

Es increíble como todavía hay un grupo de jóvenes en países de Latinoamérica que piensan que la salsa que está sonando actualmente es la de los salseros de la vieja guardia. No tengo nada en contra de ellos, pero hemos evolucionado mucho en la música desde los tiempos de Eddie Santiago hasta hoy. Muchos han permanecido escuchando los artistas del ayer y ni siquiera están actualizados con la poca música actual que se ha lanzado de la salsa. Para ellos, eso es salsa. Aún recuerdo cuando Eddie Santiago salió que fue bien criticado porque decían que eso era salsa erótica. Imagínate si necesitamos que surja la próxima leyenda. Como mencioné anteriormente, hay una generación que nunca fueron expuestos a la salsa. Llevan toda su vida escuchando los géneros que están pegados actualmente. Por eso es que sigo pensando que un artista urbano puede rescatar la salsa. Porque para la mayoría de estos fanáticos es lo único que han escuchado. Se puede levantar uno que ya es un héroe para estas generaciones y comenzar a cantar la salsa a su manera y logrará enamorar a un público nuevo.

Tampoco pierdo la esperanza de ver más artistas femeninas en la salsa. Las mujeres fueron por mucho tiempo la minoría tanto en la salsa, como en lo urbano. No era muy común ver artistas femeninas triunfar en ese mercado. Sin embargo, en tiempos recientes ha habido un boom. Cada vez hay más artistas femeninas entrando y triunfando en el pop y en lo urbano. Así mismo lo veremos en la salsa. Hace falta que se levante una mujer que no le importe lo que otras hayan hecho. Nadie está buscando a Celia Cruz, porque nadie será como ella. Eso no quita que se levante una que represente la salsa y la lleve a niveles que nunca han visto una mujer llevar el género. Hace falta una mujer que diga: *"quiero hacer lo mío"* y tenga las agallas de hacer algo diferente en el género. Creo en el poder de la mujer latina en la salsa, y creo que puede pasar, pero va a suceder con un público nuevo. No con los nostálgicos de la salsa vieja que se cierran ante las posibilidades de algo nuevo y diferente, que no entienden.

ESTO ES PARA VALIENTES

El mundo de la salsa necesita un líder que tenga las agallas de hacer lo propio, que no le importe la crítica, que tire al lado la vergüenza y el miedo y que todos los demás lo pueden seguir. Este líder no tan solo debe tener el talento musical, sino que también debe tener la astucia y la malicia de saber cómo se maneja el negocio. Hace falta la creatividad y el deseo de querer rescatar esto. No hace falta una imitación de Marc Anthony, hace falta alguien que tenga su propio estilo y sea diferente en producción, musical y vocalmente. Hay que traer algo que sea diferente pero que le agrade al público. La gente está cansada de ver copias. Lo más importante para los artistas nuevos es que no pierdan el enfoque y que traten siempre de vivir al máximo. Al máximo de su talento, de su potencial, del servicio que pueden ofrecer, etc.

SI TE ACOSTUMBRAS A DAR EL CIEN POR CIENTO DE TI, TE ACOSTUMBRARÁS A DAR EXCELENCIA.

Y la excelencia es percibida por el fan. Una de las claves de la longevidad en una carrera como ésta y en cualquier ámbito de la vida, es buscar cada año estar mejor de lo que estuviste el año anterior. No se trata de alcanzar una meta de inmediato, se trata de no desperdiciar el tiempo y de tener un norte. Si ya conoces donde estuviste y sabes hacia dónde vas, lograras dar los pasos necesarios para llegar a esa meta. Cada minuto de ocio es tiempo perdido que te aleja de tu propósito. Esta carrera es una carrera de sacrificio. Por eso, hasta los fracasos son importantes analizarlos, o como digo: hacerles una autopsia para sacar un aprendizaje de ellos. No pierdo la esperanza de ver surgir las personas correctas para este avivamiento.

No puedo expresar lo importante que es en este medio contar con mentores y tenerlos en todas las áreas. Lo he hecho a través de toda mi carrera. Es de vital importancia entender que no lo sabemos todo. Existen personas que pueden aportar a nuestro éxito, a nuestro conocimiento, y a nuestra vida porque sus experiencias ya les dejaron valiosas enseñanzas. Estos mentores no necesariamente van a ser personas de la misma industria o que comparten tu mismo arte, pero son personas a las cuales tú puedes observar y decir: quiero ser como ellos, y que eso te sirva de inspiración para aprender lo más que puedas de ellos. Yo lo hago. No te estoy dando un consejo que no me lo aplique. Cuando he identificado personas que aportan positivamente a mi vida escucho sus conversaciones, sus videos, sus libros, etc. Las lecciones más valiosas las saqué de un libro. Lo mencioné previamente cuando dije que mis entradas económicas más grandes no necesariamente provinieron de la música, y eso vino a causa de un libro que cambió mi vida. Ahora soy amante de la lectura porque me ha llevado a retarme y a descubrir un mundo nuevo y me ha inspirado a contar con diferentes fuentes de ingreso. A través de la lectura me he sumergido en un mundo completamente desconocido para mí y ni tan siquiera me interesaba. La vida es así, llena de sorpresas y retos pero si estamos dispuestos a salir de la zona de comodidad, podremos llegar más lejos de lo que originalmente imaginamos.

Estoy seguro de que este género se volverá a levantar. Tal vez tomará unos años, pero tiene todas las posibilidades de resurgir. Todo dará comienzo con una canción o con una persona que iniciará nuevamente la segunda vuelta de la salsa. El año 2022 será un año importante en la música. Ya hay muchos artistas buscando alternativas musicales nuevas. Y esa misma búsqueda hará que provoquen algo innovador. El escenario está preparado, solo hace falta quién esté dispuesto a conquistarlo.

MI MEJOR CANCIÓN

Quiero cerrar este libro con una de las experiencias más hermosas de mi carrera. Hay historias y sucesos que marcan tu vida y que nunca puedes olvidarlos. Esos momentos tan transcendentales y especiales que pueden pasar los años y cuando los cuentas, los revives con las mismas emociones y sentimientos que el día que ocurrieron. Esa es precisamente mi experiencia al pensar en uno de los momentos más especiales que viví con Celia Cruz. Fácilmente pude haber dedicado un capítulo entero a Celia ya la huella que dejó es visible en todas las áreas de mi vida.

Celia Cruz era mi amiga, era como mi abuela, era y sigue siendo una de las personas que más he admirado y respetado. Celia resistió mucho el racismo, la presión social y siempre estuvo clara de lo que quería lograr. Ella fue leal a la cultura, a la raza y trataba a todo el mundo por igual. No importaba si era el presidente o un mesero, ella los trataba a todos por igual. Nunca perdió de perspectiva de donde salió, ni de su país. No le importaban los títulos, ni las posiciones. Siempre fue una persona humilde. Era una persona extraordinaria. Lo he dicho en varias ocasiones, Celia Cruz es mi héroe.

Todo comenzó cuando decidimos grabar *La Negra Tiene Tumbao*. Ella estaba cantando en un lugar en el Bronx, y ya muchas personas habían comenzado a olvidar quién era Celia Cruz. No estaba en su pico como una vez lo estuvo su carrera. La casa disquera RMM™ nunca me había puesto a trabajar con Celia porque pensaban que mi estilo era muy moderno para ella. Sin embargo, ella me contactó cuando se había cambiado a Sony™ y estaba pendiente a grabar dos discos. Ya había hecho el primero y para ese segundo disco, me llamó. Ella se iba a retirar. Cuando nos reunimos me dice: *"nunca he trabajado contigo Sergio, pero ya casi no estoy vendiendo discos y no estoy grabando, la gente me ha olvidado. Quiero que me produzcas un último disco para terminar mi carrera."* Ella estaba buscando dominar una vez más la radio y sonar fuerte en Puerto Rico. Para mí era un orgullo que ella me pidiera eso. Siempre había querido trabajar con ella, pero los tiempos de Dios son perfectos, y ese era el mejor momento para hacerlo. Con todo y eso, la compañía Sony™ querían que le hiciera un disco estilo Fania. El disco era de 10 canciones y ellos querían que permaneciera bajo el estilo que ella llevaba cantando toda su vida. Aunque no estaba de acuerdo, me sometí. Ya le había hecho 9 canciones con ese estilo, pero me faltaba la última canción. Sentía en mi corazón que esas canciones estilo Fania no necesariamente era lo que iba a vender el disco. Así que me le acerqué a Celia y le dije que le quería hacer una canción al estilo rap. Ella le encantó el reto y fue cuando le compuse la canción de *La Negra Tiene Tumbao* junto con Fernando Osorio.

La canción fue un palo. Ella no tuvo miedo en tomar el riesgo de entrar en una fusión que nunca había intentado. Y su carrera había vuelto a surgir. Había comenzado a vender sus discos, a hacer espectáculos y a enamorar al fan. Justo cuando mejor estaba su carrera, le dan la noticia del cáncer. Ella no lograba entender cómo era posible que cuando sentía que había llegado un segundo aire a su carrera y cuando más se estaba disfrutando su éxito, el cáncer llegó a su vida. Fueron muchas las veces que ella se preguntó y me preguntaba: *¿por qué?* Nunca supe darle una respuesta. Creo que nadie podría haber contestado esa pregunta.

La salud de Celia comenzó a decaer rápidamente. Sony™, sabiendo que ya Celia pronto moriría quiso grabarle otro disco porque ella quería dejar un último legado. Para Celia, como para mí, la música era su lenguaje principal de vida. Ella deseaba hacer lo que amaba hasta su último momento. Cuando la canción *La Negra Tiene Tumbao* estaba en todo su apogeo, yo había hecho un tema con el compositor Fernando y le había comentado que quería usar como título para esa otra canción *Ríe y Llora*. Eso fue meses antes de que a Celia le diagnosticaran el cáncer. En un momento dado, se la había enseñado a Celia y a ella le había gustado. Ya tenía esa canción lista. En el momento que la creé no tenía en mente que fuera para ella, simplemente la tenía como uno de los proyectos musicales que había trabajado unos meses antes.

Al par de semanas, estando Celia en mi casa para grabar en mi estudio me dice: *"Sergio, me voy a morir. Quiero dejar hecho un último disco."* Se podrán imaginar lo fuerte que fue ese momento para mí ya que Celia era una de las personas a quien más admiraba. Inmediatamente me puse a disposición de ella. Celia anhelaba grabar su último disco y sus últimas canciones antes de que el cáncer la venciera. Rápido vino a mi mente la canción que había escrito y que a ella le había gustado de *Ríe y Llora*, pero no quería que la gente pensara que la escribí con su cáncer en mente. El detalle era que el coro de la canción decía: *"Ríe. Llora. A cada cual, le llega su hora."* Estaba seguro de que esa canción en la voz de Celia sería un éxito, pero no sabía si dado a su cuadro de salud era un poco morboso. Sin embargo, al presentarle la canción a Celia ella inmediatamente se enamoró de ella. Escogimos muchas canciones de prisa ya que ella no sabía a ciencia cierta, cuánto tiempo de vida le quedaba. Podían ser meses, como días. Ella no sabía. Comenzamos a trabajarla y a montarla y fue todo un reto.

Celia ya estaba tan afectada de salud que no lograba retener casi nada y no tenía mucha memoria para acordarse de la canción para poder realizar una sesión completa en el estudio. Pero ambos estábamos determinados en hacerla y grabarla. Así que, le cantaba la canción frase por frase al oído para que ella la repitiera y lograr grabarla, aunque fuera por pedazos. Fue un reto porque se le olvidaban las palabras. Pero con esfuerzo, paciencia y perseverancia, así quedó plasmado el éxito de Celia de *"Ríe y Llora."* Estuve con ella realizando la grabación del disco completo, línea por línea. Por más que ella intentara cantar dos líneas juntas, no recordar. Fue un proyecto, pero lo terminamos y todavía hoy muchas personas cantan esas canciones. Ese disco fue la última producción musical de Celia y luego falleció.

UN LEGADO QUE NO MUERE

Esa fue una de las temporadas más emocionales para mí porque mis sentimientos estaban encontrados. Celia era como una abuela para mí. Era amiga y mentora. Por un lado, tenía la presión de grabar ese disco y a la misma vez sabía que se me estaba muriendo. En ese momento era importante que no mezclara mis emociones con mi trabajo. Ella estaba contando conmigo,

Sony™ estaba contando conmigo, y sus fans sin saberlo estarían recibiendo las últimas canciones de su carrera. Sus palabras fueron completamente certeras ya que finalmente cuando llegó el momento de su partida, enterraron a esta hermosa leyenda de la salsa con la misma canción que dejó como su último legado musical. *Ríe y llora* la acompañó a su última morada. Mientras bajaban el ataúd y escuchaba la canción, no podía creer que apenas cuatro meses antes la estuvimos grabando. Ella ya sabía dónde quería que la enterraran y sabía que la enterrarían con esa canción. Nunca olvidaré esa experiencia. Fue una bendición para mi ser parte de su proceso de despedida y en definitiva ha sido una de mis mejores canciones.

Esta industria no se presta mucho para momentos de vulnerabilidad donde realmente uno pueda conectar con todos los artistas de manera real y humana. Esa experiencia con Celia fue única. Tuve un proceso similar en días recientes con Marc Anthony. Estuvimos grabando su más reciente disco *Pá allá Voy* y tuvimos un momento genuino. Ya habíamos grabado toda la música y todo se escuchaba fenomenal, pero Marc sentía mucha presión. Estaba luchando con tantas cosas y con el peso de darle continuidad a la salsa. Había pasado tanto tiempo sin cantar porque durante la pandemia todo se había cancelado. No había giras, no había conciertos, y él estaba frustrado. Ambos sentíamos el peso de querer entregarle lo mejor a sus fans que están acostumbrados en recibir eso de él. Fue un momento de pura vulnerabilidad donde a ambos se nos salían las lágrimas. Sentí un escalofrió demasiado similar cuando me decía: *"Sergio, me puedo morir mañana y no he podido grabar este disco. Necesito cantar. Necesito terminar este disco."* Inmediatamente que lo escuché le pedí que no hablara así. Ya había experimentado una conversación similar con Celia, y no estaba preparado para escuchar algo similar con Marc. Aunque no quería escucharlo hablar así, a la misma vez puedo entender perfectamente el peso de querer dejar una huella y un legado. Un artista pudo haber caminado en años de gloria, pero la gente sólo lo recordará por sus últimos eventos, sus últimas canciones y experiencias. Todos queremos dejar algo que nos represente y que hable de nuestra trayectoria. Celia y Marc lo han hecho y hoy, con este libro también lo estoy haciendo.

SIN RESERVAS

En resumen, para mí era muy importante compartir un pedazo de mí con todas aquellas personas que sabía tendrían este libro en sus manos. Como les mencioné en la introducción, mi intención no es herir, ni dañar a nadie con los relatos que he compartido. ¡Todo lo contrario! Si una persona es impactada o es inspirada con algo de lo que aquí se comparte, he cumplido con la mayor misión de vida.

El haber sobrevivido aquel aparatoso accidente de auto hizo que toda mi perspectiva de vida cambiara. Ahora vivo cada día de manera intencional. Ahora disfruto aún más lo que hago. Ahora deseo más que nunca poder ayudar a todos esos artistas jóvenes, nuevos, y futuras leyendas de la música a que aprendan de los errores que cometieron muchas personas que hoy no están en la música.

Contar todas las anécdotas que he vivido es casi imposible. Mencionar todos los artistas con los que he colaborado sería interminable, pero mi mayor anhelo es que al leer estas historias puedas entender un poco más mi perspectiva con relación a lo que ha pasado con la música de salsa. No pierdo las esperanzas de ver un resurgir en el género que tanto disfruto. Esta industria es cíclica. Lo que una vez estuvo arriba, hoy se encuentra abajo. Esto lo que hace es enviarle un mensaje directo a los géneros más populares en la actualidad. Como dice la palabra: *El que esté firme, mire que no caiga.* Hay géneros que si no evitan repetir patrones y no trabajan a tiempo cosas que se pueden evitar, pueden verse mañana como la salsa se ve hoy.

Para continuar siendo relevante hay que mantenerse cambiando con los tiempos, hay que buscar aprender cosas nuevas todos los días, hay que reconocer que Dios es real y nuestro ser supremo y que los talentos que nos ha entregado son para ponerlos al servicio de quienes nos rodean. Sé que viene una gran etapa como maestro y como mentor, pero solo se puede ayudar a aquel que quiere ser ayudado. Mientras tenga vida estaré trabajando en esta industria en todas las formas posibles. Tengo muchos proyectos nuevos en los que estaré trabajando desde talleres, clases, radio, proyectos en televisión y todo lo que pueda hacer para ayudar a la industria.

No sé con exactitud que nos espera en la salsa, pero sí sé con certeza que el resurgir que se espera, dejará a más de uno con la boca abierta.

SOBRE EL AUTOR

Sergio George nació en el estado de Nueva York el 23 de mayo de 1961. Es un pianista, arreglista, compositor, director musical y productor discográfico estadounidense de ascendencia puertorriqueña conocido por trabajar con muchos de los artistas famosos de música salsa, y también ha trabajado en otros géneros. Su nombre está inscrito en más de 200 millones de álbumes vendidos.

Sergio, ganador de 18 o 19 premio Grammy® y Grammy Latino®, es hijo del naguabeño Sergio George Sr. y la carolinense María Velázquez. Sergio Comenzó el aprendizaje del piano a la edad de nueve años. Prosiguió su adiestramiento en el City College Of New York y en el New York Conservatory Of Music. Ahí fue discípulo de John Lewis (orquestación clásica) y Ron Carter (composición de jazz). Incursionó en el ambiente musical con el Conjunto Caché. Colaboró con el Conjunto Clásico y posteriormente en los álbumes del trompetista 'Chocolate' Armenteros. Trabajó intermitentemente con las orquestas de Tito Puente, Ray Barreto y Willie Colón. Durante el período 1987–1988 formó parte del Grupo Star, en Colombia.

Para el 1988 – fue recomendado a Ralph Mercado por el cantante Tito Nieves– se vinculó a la entonces naciente pero ya pujante empresa RMM™ Records & Video en la que ocupó el cargo de productor musical y arreglista, habiendo dirigido la mayoría de las grabaciones de sus artistas afiliados desde 1988 hasta 1996, cuando cedió tal posición a Isidro Infante para fundar y encaminar su propio sello.

En 2020 Marc Anthony firmó al profesional puertorriqueño-estadounidense bajo su compañía de entretenimiento Magnus Media para supervisar sus intereses y trabajar con él para desarrollar talento y música en todo el mundo.

Sergio ha trabajado para grandes músicos como: Thalía, Luis Enrique, Marc Anthony, Tito Nieves, Víctor Manuelle, La India, Frankie Negrón, Johnny Rivera, Jennifer López en la Gloria Trevi, Tito Puente, DLG, Orquesta de la Luz, Héctor Lavoe, Pete El Conde, Celia Cruz y muchos más.

Sergio es padre de dos hijos y actualmente reside en Estados Unidos de América.